Crystal Woodman Miller/
Ashley Wiersma

Ich dachte, mein Leben ist vorbei

Wie der Amoklauf von Littleton
eine junge Frau veränderte.

Über die Autorin

Crystal Woodman Miller ist Überlebende des Massakers an der *Columbine High School*. Nachdem sie dieses einschneidende Erlebnis verarbeitet hatte, stellte sie ihr ganzes Leben in den Dienst Gottes. Sie reist an Orte, an denen Menschen ihre tatkräftige Hilfe und die befreiende Botschaft von Glaube und Hoffnung dringend brauchen. Wenn sie einmal nicht unterwegs ist, wohnt sie mit ihrem Mann Pete in Oklahoma.

Crystal Woodman Miller/
Ashley Wiersma

Ich dachte, mein Leben ist vorbei

Wie der Amoklauf von Littleton
eine junge Frau veränderte.

GerthMedien

Die amerikanische Originalausgabe
erschien im Verlag NavPress
unter dem Titel „Marked For Life".
© 2006 by Crystal Woodman Miller
© der deutschen Ausgabe 2007 by Gerth Medien GmbH, Asslar,
in der Verlagsgruppe Random House GmbH, München
Aus dem Englischen übersetzt von Eva Weyandt.

Die Bibelzitate wurden, sofern nicht anders angegeben,
den folgenden Bibelübersetzungen entnommen:
- Gute Nachricht Bibel, revidierte Fassung,
durchgesehene Ausgabe in neuer Rechtschreibung,
© 2000 Deutsche Bibelgesellschaft, Stuttgart (GN)
- Lutherbibel, revidierter Text 1984,
durchgesehene Ausgabe in neuer Rechtschreibung,
© 1999 Deutsche Bibelgesellschaft, Stuttgart (LÜ 84)

1. Auflage 2008
Bestell-Nr. 816 297
ISBN 978-3-86591-297-8
Umschlaggestaltung: Hanni Plato
Umschlagfoto: Brandi Simmons
Satz: Die Feder GmbH, Wetzlar
Druck und Verarbeitung: GGP Media GmbH, Pößneck
Printed in Germany

Den drei Männern in meinem Leben gewidmet:

Meinem Vater Tom Woodman, der mir vorangeht,

meinem Mann Pete Miller, der an meiner Seite steht,

und meinem Herrn und Erlöser Jesus Christus,
der mich durch seinen Geist leitet.

Ihr habt mich angeregt, mich zu verändern und
weiterzuentwickeln. Dafür danke ich euch!

Inhalt

Vorwort

Nie werde ich den 25. April 1999 vergessen. An jenem kühlen, wolkenverhangenen Tag stand ich vor etwa siebzigtausend Menschen auf einer provisorischen Bühne auf dem Parkplatz eines Einkaufszentrums in Littleton, Colorado. Wir waren zusammengekommen, um gemeinsam zu trauern, um gemeinsam die Tragödie zu verarbeiten, die sich kaum eine Woche zuvor in der *Columbine Highschool* abgespielt hatte. Bill Owens, der Gouverneur von Colorado, hatte mich gebeten, zu Ehren der zwölf Schüler und des einen Lehrers, die von zwei hochgradig verstörten Teenagern ermordet worden waren, ein paar kurze Worte zu sagen. Während ich über die Menge der weinenden Menschen hinwegblickte, hielt mich nur die Hoffnung aufrecht, dass Gott sein Versprechen erfüllen würde und dass denen, die ihn lieben, wirklich alle Dinge zum Besten dienen werden, den Menschen, „die er nach seinem freien Entschluss berufen hat" (Römer 8,28).

Immer wieder fand ich diese Hoffnung im Leben und Zeugnis von Crystal Woodman Miller bestätigt.

Ich lernte Crystal im Dezember 1999 bei einer Pressekonferenz der Aktion *Weihnachten im Schuhkarton*, einem internationalen Kinderprojekt von *Samaritan's Purse*, kennen. Seither konnte ich beobachten, wie Gott in Crystals Leben wirkte, wie er sie veränderte und wie dieses Mäd-

9

chen, das mitansehen musste, wie ihre Klassenkameraden ermordet wurden, und das durch dieses Erleben emotionale Wunden davongetragen hatte, sich mit ihrer ganzen Kraft für die Verkündigung der erlösenden Gnade Jesu Christi einsetzte.

Crystal reiste mit unseren Teams von *Samaritan's Purse* in viele Länder, auch in den Kosovo, nach Honduras und Russland, um Kindern in Not Weihnachtsgeschenke zu bringen. Große sprachliche und kulturelle Unterschiede stehen zwischen Crystal und den jungen Opfern von Krieg, Armut und Katastrophen, doch ihr eigenes tragisches Erleben versetzt sie in die Lage, diese Barrieren zu überwinden. Da sie selbst „durchs finstere Tal" (Psalm 23,4) gegangen ist, erkennt sie instinktiv die Bedürfnisse der Menschen, die Opfer von körperlichem Leiden, menschlicher Grausamkeit und Naturkatastrophen geworden sind.

Im Laufe der Jahre hat sich Crystal zu einer furchtlosen Botschafterin für das Evangelium von Jesus Christus entwickelt. Ob auf Jugendveranstaltungen oder in Interviews mit den nationalen Medien, sie lässt keine Gelegenheit aus, dem Namen Gottes die Ehre zu geben.

Wenn Sie dieses Buch lesen, werden Sie genau wie ich beeindruckt sein von Crystals Stärke, ihrer Aufrichtigkeit und ihrer Liebe zu Jesus Christus. Ich bete, dass ihre Geschichte Sie anregen möge, Ihr ganzes Leben in den Dienst Christi zu stellen. Denn wie Crystal können Sie sich darauf verlassen, dass er Ihnen alles geben wird, was Sie brauchen, um im Glauben loszugehen und in seinem Dienst zu wirken.

Franklin Graham

Präsident und Geschäftsführer von *Samaritan's Purse*, Präsident und Geschäftsführer der *Billy Graham Evangelistic Association*

Alles wegschenken

„Ich habe es angekündigt und es wird eintreffen;
es ist schon im Gang, ich führe es herbei."

JESAJA 46,11

Sergej, unser russischer Fremdenführer, führte uns stumm zu der Turnhalle, in der so viele Menschen ihr Leben verloren hatten. Vorsichtig trat ich über die klaffenden Löcher hinweg auf die Überreste des Fußbodens, die noch erhalten geblieben waren. Er war übersät mit Blättern, von Kinderhand beschrieben, mit Bildern, von Kinderhand gemalt, Puppen, Blumen für die Lehrer, Büchern, Kleidungsstücken und Schuhen. Steine, Holzsplitter und Zementbrocken lagen herum. Der Anblick der Blutspritzer an den von Kugeleinschlägen vernarbten Wänden war kaum zu ertragen.

Vor der Turnhalle blieb Sergej stehen. „Sehen Sie sich die Decke an, die Wände", forderte Sergej unsere kleine Gruppe auf.

Während er weitersprach, blickte ich nach oben und entdeckte unzählige dunkle orangefarbene Flecken an den grauen Wänden und der Decke.

„Was Sie hier sehen, stammt von den jungen Opfern und den Terroristen, die sich nach ihrem abscheulichen Verbrechen gegen unsere Gemeinschaft und unser Land in die Luft gesprengt haben."

11

Ich presste mir die Hand auf den Mund und mit der anderen hielt ich mir den Magen, weil mir übel wurde. *Was sind das für Monster, die unschuldigen Menschen so etwas antun – die* Kindern *so etwas antun?*, fragte ich mich.

Wir waren nur einen Tag in *Beslan* geblieben, aber der Gedanke an die Geiselnahme in der Schule, die diese kleine Stadt drei Monate zuvor erschüttert hatte, quälte mich noch wochenlang. Ich war mit einem Team von *Weihnachten im Schuhkarton* unterwegs. Wir wollten den Familien und Freunden der Opfer und den vielen Überlebenden, die wie durch ein Wunder mit dem Leben davongekommen waren, greifbare Hilfe bringen.

In den sechs Jahren, die seit dem Massaker in meiner Schule, der *Columbine High School*, vergangen waren, hatte ich eine Reihe von Höhen und Tiefen durchlebt, aber ich hatte gelernt, dass nur das helle Licht Christi die Dunkelheit, die ich erlebt hatte, vertreiben konnte. Diese Hoffnung wollte ich in diese Gemeinschaft bringen, die sie so dringend brauchte. Durch die Aktion *Weihnachten im Schuhkarton*, für die ich mich zusammen mit vielen anderen engagierte, hoffte ich, ein wenig Licht in die Dunkelheit des südwestlichen Russlands zu bringen.

Die Hölle auf Erden

Am 1. September 2004, einem warmen und sonnigen Tag in der nordossetischen Stadt *Beslan* in Russland, fuhren zwei neutrale Lieferwagen vor der *beslanischen* Schule Nr. 1 vor. Zweiunddreißig schwer bewaffnete Männer und Frauen nahmen plötzlich vor dem Gebäude und zu beiden Seiten Aufstellung. Bald darauf sollten sie als islamisch-fundamentalistische Terroristen identifiziert werden. Und sie würden in Erinnerung bleiben, weil sie zwölfhundert Männer, Frauen und Kinder als Geiseln nahmen, von denen nach Presseberichten ein Viertel die Geiselnahme nicht überlebte. Es war etwa 9 Uhr 20 morgens, Mütter und Väter begleiteten ihre Kinder in die Schule, denn es war der Tag des Wissens, wie die Russen ihn nannten.

In den Sommermonaten bereiten sich russische Kinder und Lehrer eifrig auf den ersten Schultag vor, ähnlich wie in Amerika die Schulabschlussfeier vorbereitet wird. Wenn dieser lang ersehnte Tag endlich anbricht, kommen ganze Familien mit ihren Kindern in die Schule. Die Kinder bekommen Ballons und kleine Geschenke, die sie in die Schule mitbringen. Für die Schulanfänger ist der Tag des Wissens ein großes Ereignis. Die Lehrer geben sich sehr viel Mühe bei der Vorbereitung dieses Tages, damit er für die Sechs- und Siebenjährigen zu einem unvergessenen Erlebnis wird, denn schließlich soll dieser Tag den Kindern ihr Leben lang in Erinnerung bleiben.

In diesem Jahr war es ganz bestimmt so.

Die Terroristen trieben Eltern, Lehrer und die Schüler unter Maschinengewehrfeuer in die kleine Turnhalle. In der Schule wurden Kinder von der ersten bis zur elften Klasse unterrichtet und einige von den älteren Schülern besaßen die Geistesgegenwart zu fliehen. Doch die große Mehrheit derer, die an jenem Morgen zur Feier des ersten Schultages in die Schule gekommen waren, wurde überrumpelt und konnte nichts tun, als die Köpfe vor dem Kugelhagel zu schützen und der Forderung der Terroristen zu folgen und in die Turnhalle zu rennen.

Die Zustände im Innern des Gebäudes waren entsetzlich. Mittlerweile stand die Sonne hoch am Himmel, und in dem bereits aufgeheizten Raum wurde das Klima immer unerträglicher. In den Berichten hieß es später, die Menschen wären in der Turnhalle eingequetscht gewesen wie Heringe in einem Fass. Videoaufzeichnungen, die nach dem Angriff gezeigt wurden, bestätigten, wie zutreffend diese Beschreibung war.

Irgendwann wurden den Geiseln von den Terroristen auch noch die letzten Privilegien genommen – Wasser und Zugang zu den Toiletten. Mütter, Väter und Kinder waren gezwungen, sich in der Öffentlichkeit zu erleichtern. Und um einer drohenden Dehydrierung vorzubeugen, tranken sie ihren eigenen Urin.

An den Basketballkörben waren Bomben angebracht, die mit einer Zündvorrichtung auf dem Boden verbunden waren. Einer der Terroristen hatte seinen Fuß auf dem Auslösepedal, drei Tage lang, wie sich zeigte. Den Geiseln war klar, dass die Bomben, sollte er seinen Fuß auch nur für eine Sekunde herunternehmen, sofort in die Luft gehen würden.

Und in den frühen Nachmittagsstunden des 3. September explodierte dann auch tatsächlich ganz unerwartet eine der Bomben, die an den Basketballkörben hingen. Möglicherweise war der Geiselnehmer, nachdem er mehr als fünfzig Stunden nicht geschlafen hatte, erschöpft oder desorientiert. Sofort war die Hölle los. Russische Spezialkräfte, die das Gebäude umstellt hatten, stürmten die zweistöckige Einrichtung und nahmen sich nacheinander die Terroristen vor. Die Geiselnehmer schnappten sich einige von den Kindern und hielten sie als lebende Schutzschilde vor sich. In einer fast zehnstündigen, kriegsähnlichen Schlacht leisteten sie erbitterten Widerstand. Am Ende hatten 330 Menschen ihr Leben verloren, darunter 176 Kinder. Zwischen fünfhundert und siebenhundert Menschen waren verletzt, einige schwer – und vierundzwanzig Kinder blieben als Waisen zurück.[1] (Nachdem ich die Schule und die unzähligen Reihen mit Grabsteinen mit eigenen Augen gesehen habe, würde ich schätzen, dass die Zahlen tatsächlich viel höher waren.)

„Zeige ihnen, dass ich verstehe ..."

Interessanterweise hat die Stadt *Beslan* große Ähnlichkeit mit meiner Heimatstadt *Littleton* und mit jeder anderen Kleinstadt in Amerika. In dieser kleinen russischen Gemeinschaft mit mehr als dreißigtausend Einwohnern gab es starke Bindungen unter den Bewohnern und hohe Wertmaßstäbe. An warmen Tagen flitzten die Kinder auf ihren Fahrrädern durch die Gegend, sie spielten genau wie die Kinder in Amerika Videospiele und träumten davon, was sie später einmal werden wollten.

In den Wochen vor meiner Reise sprach ich viel mit Gott. Ich sagte ihm, wie sehr ich mir wünschte, dass die Kinder aus *Beslan* mich als eine der Ihren sehen würden und nicht als eine amerikanische Wichtigtuerin, die eine solche Tragödie gar nicht erfassen kann. Aber mehr noch, ich wünschte mir, ihnen Christus nahezubringen. Sie sollten meine aufrichtige Anteilnahme und Liebe spüren, obwohl wir uns nicht kannten und nicht einmal dieselbe Sprache sprachen. Ich wollte ihnen zeigen, dass sie mir am Herzen lagen und dass es einen Gott gab, der sie liebte und sie nie verlassen würde.

Am Tag vor unserer Abreise nach *Beslan* kam ich in Moskau mit meinen Wünschen zu Gott, der einzigen festen Größe in meinem Leben mit seinen Höhen und Tiefen. Ich betete:

Gott, lass deinen Geist uns bei jedem unserer Schritte führen und leiten. Du hast uns bisher wunderbar geholfen, du hast uns durch den Zoll gebracht und uns bei der Planung unserer Reise geleitet. Ich bin davon überzeugt, dass du uns aus einem ganz bestimmten Grund hierhergeführt hast, und ich möchte mich von dir zu deiner Ehre gebrauchen lassen. Ich möchte hier etwas bewirken, Gott! Ich bitte dich um gute Begegnungen mit vielen Kindern während meines Aufenthalts in Russland. Bitte gebrauche meine Geschichte, um diese Kinder anzurühren. Ich bin fest davon überzeugt, dass ich Columbine überlebt habe, damit ich mich anderen zuwende und ihnen mit Liebe begegne. Ich bete, dass ich eine Verbindung zu den Kindern, Familien und Freunden der Opfer aufbauen kann. Zeige ihnen, dass ich sie verstehe. Ich verstehe den Schmerz. Die Verwirrung. Die Trauer. Die Hoffnungslosigkeit. Aber ich weiß auch, dass es wieder besser werden kann.

Gebrauche meine Worte, meine Formulierungen, mein Handeln, gebrauche meine offenen Arme, um diesen lieben Menschen Heilung zu bringen. Wenn wir die Schuhkartons mit den Geschenken und der evangelistischen Botschaft verteilen, so erweiche die Herzen der russischen Regierungsbeamten. Gib, dass die Ermutigung ihr Volk erreichen kann. Ich bete um ein Wunder! Bitte fülle mich in jeder Hinsicht, damit ich alles geben kann. Hier bin ich, Herr. Gebrauche mich in Russland, wie du es willst. Ich liebe dich!

Damit ich alles geben kann. Dieser Wunsch meines Herzens war aufrichtig gemeint. Ich wollte das, was ich in der Zeit seit dem Tag, an dem ich bereits mit meinem Leben abgeschlossen hatte, bekommen hatte, nämlich Frieden, Zufriedenheit, Ermutigung, Erkenntnis meiner Bestimmung und Hoffnung, nehmen und einfach alles verschenken.

Seit *Columbine* hatte sich so vieles verändert.

Bei unserer Ankunft führte Sergej unsere Gruppe direkt in die Sporthalle, in der sich die Tragödie von *Beslan* abgespielt hatte. Ich hatte Gott gebeten, mich auf den Anblick vorzubereiten, aber es ist einfach unmöglich, sich auf ein solches Grauen einzustellen. Beim Aussteigen aus dem Wagen konnte ich kaum den Blick zu dem Gebäude heben, denn ich wusste, sobald ich das täte, würde ich zusammenbrechen.

Und tatsächlich, als ich auf die Schule zuging, machte sich das Entsetzen in mir breit und schüttelte mich. Fassungslos starrte ich das stark in Mitleidenschaft gezogene Gebäude an. Ganze Teile der Mauer fehlten einfach – Überreste eines radikalen Krieges. Ich hatte schon vom Krieg erschütterte Länder besucht, aber das hier war etwas anderes – das war ein Krieg gegen unschuldige, unbewaffnete Kinder gewesen.

Mein Herz krampfte sich zusammen.

Ich hatte einige Rosen mitgebracht, die ich als Zeichen der Anteilnahme und des Respekts vor den Opfern in der Schule niederlegen wollte, aber dann erschien mir diese Geste einfach als unzureichend. Als ich mir das Grauen vorstellte, das sich dort abgespielt hatte, konnte ich die Tränen nicht mehr zurückhalten.

Die Flure wurden nur durch die wenigen Sonnenstrahlen erhellt, die sich durch die verschmutzten Fenster kämpften. Als wir die Schwelle zur Turnhalle überschritten, legte sich eine bleierne Schwere auf unsere Gruppe. Wortlos traten wir ein; unsere Körperhaltung spiegelte unsere tief empfundene Ehrfurcht vor den Opfern wider, die hier ihr Leben verloren hatten.

Sergej brauchte kein Wort der Erklärung abzugeben. Wir wussten ganz genau, was hier passiert war. In dem Informationsmaterial, das unsere Gruppe vor der Reise bekommen hatte, waren die schrecklichen Ereignisse, die sich in dieser Halle abgespielt hatten, Schritt für Schritt erläutert.

Ich stand reglos da und sah mich um, ließ den Schauplatz, wie er sich mir jetzt darbot, auf mich wirken. Noch drei Monate später waren in der Halle die Spuren von Mord und Zerstörung sichtbar. Ich stellte mir vor, wie die Terroristen mit ihren vermummten Gesichtern die Kinder herumkommandierten. In den Händen hielten sie ihre Gewehre und ihre Füße standen auf den Zündern für die Bomben. Ich malte mir den Hass in ihren Augen aus, stellte mir vor, wie sie jeden niedermähten, der sich ihnen in den Weg stellte. Ich sah das überwältigende Böse vor mir, das diesen Ort heimgesucht hatte.

Aber ich sah auch Gott, seine Engel, die verbissen um jeden Menschen in dieser Halle kämpften. Nach den Berichten haben Kinder miteinander gebetet, und vielleicht haben in diesen letzten Augenblicken viele von ihnen Jesus persönlich kennengelernt.

Der Boden der Turnhalle war mit einer dünnen Schicht von frisch gefallenem Schnee bedeckt; das Dach war durch die Explosion weggerissen worden. Die Spuren des Grauens waren von den weißen, duftigen Flocken zugedeckt. Für mich ein Zeichen, dass alles frisch und neu werden würde, irgendwie und irgendwann.

Mein Blick fiel auf einen alten Schwebebalken. Er stand in dem an die Turnhalle angrenzenden Flur. Ich machte ein paar Schritte auf den Schwebebalken zu, bis ich erkennen konnte, was darauf lag: ein kleiner schwarzer Jungenschuh. Tränen traten mir in die Augen, als ich mir vorstellte, was diese kleinen Jungen und Mädchen durchgemacht hatten. Mir brach das Herz – es war einfach zu viel.

Als Sechzehnjährige hatte ich sieben Minuten unvorstellbaren Grauens in der Bibliothek meiner Highschool erlebt. Und ich fragte mich jetzt, wie es für diese Kinder, die viel jünger gewesen waren als ich damals, gewesen sein musste, drei Tage lang solch unvorstellbare Angst und Qual zu erleben. In den Berichten über das Drama ist zu lesen, dass die Terroristen während der Geiselnahme elf Müttern mit ihren Kleinkindern gestatteten, das Schulgebäude zu verlassen, doch jede von ihnen ließ ein älteres Schulkind zurück.[2]

Können Sie sich vorstellen, was es heißt, eine solche Entscheidung zu treffen? Sie hatte die Wahl, entweder unter Lebensgefahr in diesem Raum zu bleiben, während das Baby weint, weil die saubere Luft zum Atmen fehlt und weil es Hunger und Durst hat, oder sich von seinem älteren Kind zu verabschieden, es vielleicht zum letzten Mal in den Arm zu nehmen, weil man sein Baby beschützen will? Das ist unmenschlich.

Für eine Zeit wie diese

Als wir die Schule verließen und wieder zu unserem Wagen zurückgingen, kamen wir noch einmal an dem Denkmal vorbei, das die Bewohner der Stadt zu Ehren der Opfer errichtet hatten. Es stand in einem Meer von Blumen, Grußkarten und anderen Geschenken. Aber besonders eindrücklich waren für mich die zahlreichen gefüllten Wasserflaschen auf dem Boden der Turnhalle – ein bewegender Ausdruck des tiefen Wunsches der Gemeinschaft, den Durst derer zu stillen, die gelitten hatten.

Sosehr ich mich bemühte, in der Gegenwart zu bleiben und mich auf die gegenwärtige Situation zu konzentrieren, meine Gedanken wanderten automatisch in der Zeit zurück zum *Clement Park* neben der *Columbine High School* in jenen ersten Tagen nach dem 20. April 1999. Ich sah die vielen bewegenden Briefe, Blumen und Poster mit den Bildern meiner getöteten Klassenkameraden vor mir. Ich sah die zahlreichen Plüschtiere, Gedichte, Friedensbänder, Flaggen. Ich sah große Holzkreuze, die für jedes Opfer errichtet worden waren. Ich sah trauernde Eltern, Lehrer, Trainer und Freunde wie ferngesteuert über diesen Platz der Erinnerung laufen.

Und dann multiplizierte ich das mit einem Faktor von

mehr als *zwanzig*. Ich fühlte mich absolut unwürdig, den Überlebenden des Massakers von *Beslan* und ihren Familien Hoffnung und Ermutigung bringen zu wollen. Aber etwas tief in meinem Inneren sagte mir, dass ich *Columbine* vielleicht für eine Zeit wie diese erlebt hatte.

Die Stadt *Beslan* hatte eine Tragödie ungeahnten Ausmaßes erlebt. Jetzt sollten die Bewohner das Unmögliche tun: Schritt für Schritt weitergehen, ihr Leben wieder anpacken. Doch trotz ihrer aufrichtigen Bemühungen blieb eine Frage offen, die jeden Einzelnen von ihnen quälte: Würden sie je wieder richtig heil werden?

Unsere nächste Station hinterließ bei uns ebenfalls einen bleibenden Eindruck. Sergej brachte uns zu dem Friedhof, auf dem in den neunzig Tagen seit dem 1. September mehr als dreihundert Gräber ausgehoben worden waren.

Langsam schritten wir die Reihen mit den Kränzen und Blumen, den Süßigkeiten, Teddybären und Wasserflaschen ab, voller Respekt vor den Angehörigen, die an jenem Tag zusammengekommen waren, um den Verlust ihrer kleinen Kinder oder ihrer Eltern zu betrauern. Wie es in Russland Sitte ist, waren die Gräber mit Fotos der Verstorbenen versehen, und die kleinen Gesichter, die mich von den Gräbern anstarrten, waren schmerzliche Erinnerungen an das schreckliche Geschehen.

Ich kam zu den Gräbern der Tatiev-Kinder. Da wir eine ganze Reihe von Artikeln über die Familie Tatiev gelesen hatten, war die traurige Geschichte in unserer Gruppe nur allzu bekannt. Bella Tatiev hatte in der *beslanischen* Schule Nr. 1 vier ihrer fünf kleinen Kinder verloren. Bellas Mann war Pastor, genau wie sein Bruder. Der Bruder und seine Frau Rosen hatten ebenfalls zwei ihrer Kinder bei dem Massaker verloren – sechs von acht Cousins innerhalb von drei Tagen sinnlos getötet.

Ich stand vor den sechs kleinen Grabhügeln der Tatievs

und hörte, wie die anderen aus der Gruppe von hinten näher traten. Es gab keine Worte, die Trauer zu beschreiben, die uns erfüllte. Deshalb blieben wir mehrere Minuten in absoluter Stille davor stehen.

Langsam, aber sicher

Bei der *beslanischen* Schule Nr. 6, wo wir ebenfalls unsere Schuhkartons verteilen wollten, trafen wir uns wieder mit dem Rest des Teams. Auch wenn wir nach Russland gekommen waren, um den Familien und Freunden der Opfer der Geiselnahme ein wenig Freude zu bringen, so nutzten wir doch die bisher nie dagewesene Offenheit, um auch die Nachbarschulen und Gemeinschaften zu besuchen, die von den entsetzlichen Ereignissen ebenfalls tief erschüttert waren.

Es war ein unheimliches Gefühl, die Treppe hochzusteigen und die Turnhalle der Schule zu betreten, die ganz normal genutzt wurde, als hätte sich die Tragödie in der Nachbarschule nie ereignet. Uns allen fiel sofort auf, dass der Raum, in dem wir standen, genauso aussah wie die Turnhalle der Schule Nr. 1 vor der Geiselnahme. Die Basketballkörbe in dieser Turnhalle waren allerdings noch an den Wänden festgeschraubt. Die Decke war unversehrt, die Wände ohne Einschusslöcher. Die Geräte standen an ihrem Platz und warteten darauf, von lebhaften und energiegeladenen Jungen und Mädchen, die sich auf eine Unterbrechung der Arbeit im Klassenzimmer freuten, benutzt zu werden.

Etwa dreihundert Kinder hatten sich hier eingefunden, um zu hören, was unsere Gruppe zu sagen hatte. Mir fiel auf, wie voll der Raum wirkte, und ich versuchte mir vorzustellen, wie ein paar Monate zuvor zwölfhundert Männer,

Frauen und Kinder in eine Halle dieser Größe gepfercht worden waren.

Ein Kinderchor sang einige Lieder, bevor Hans, der Leiter unseres Teams, vorgestellt wurde. Er erklärte, unser Wunsch sei es, dass die Schuhkartons, die die Kinder bekommen sollten, ein kleines Licht in ihre Dunkelheit bringen mögen. Er erinnerte die Zuhörer daran, dass Gott größer sei als unsere Lebensumstände, dass er für die Bedürfnisse seiner Menschen sorge und dass er uns alle mit unendlicher Liebe umgebe.

Die Aufregung in der Halle war spürbar, als wir anfingen, die Kartons zu verteilen. Die Kinder rannten los, um ihre Kartons aufzureißen, und waren überglücklich, wenn sie darin Mützen, Bälle und Malbücher fanden. Nach einigen Minuten war eine langsame Veränderung im Verhalten der Erwachsenen festzustellen. Eine Offizierin der russischen Spezialkräfte, die unsere Gruppe während der Ansprache mit großer Strenge beobachtet hatte, kam zu uns und half uns bei der Verteilung der Kartons. Zum ersten Mal an diesem Tag umspielte ein Lächeln ihre Lippen, als sie beobachtete, wie die Freude die Gesichter der vorher so traurigen Kinder aufleuchten ließ.

Sie verteilte sogar die Heftchen in russischer Sprache, die wir mitgebracht hatten; der englische Titel lautete *The Greatest Gift* (Das größte Geschenk). Ob nun wissentlich oder nicht, auf jeden Fall gab sie die Botschaft des Evangeliums weiter, als sie die Heftchen in die kleinen Kinderhände legte!

Als sich meine Gruppe zum Aufbruch rüstete, kam mir eine unerwartete Erkenntnis: *Früher war ich doch genau wie sie! Auch ich war ein Kind ohne Hoffnung, ohne Leben, ohne Zukunft. Doch durch die Gnade Gottes hat sich mein Leben radikal verändert!* Und ich spürte auf einmal, wie Gott seine liebenden Arme um mich legte und mich daran erinnerte, dass ich nicht für immer in der Hoffnungslosigkeit zu verharren brauchte.

Als *Columbine* geschah, dachte ich, alles sei zu Ende. Aber Gott hat deutlich gemacht, dass ich zum Leben bestimmt bin, nicht für den Tod. Mein Leben hat einen bestimmten Sinn. Ich bin zur Hoffnung berufen, nicht für ein sinnloses Leiden.

In solchen Augenblicken kann ich spüren, wie ich die seelischen Wunden, die Furcht und die Verzweiflung loslassen kann, an die ich mich so fest geklammert habe. Ich merke, dass ich Zorn, Wut und Verbitterung ablegen kann. Ich kann mich von der Tragödie abwenden, die mein junges Leben überschattet hat, und den Entschluss fassen, die Scherben in Gottes Hände zu legen und mitzuerleben, wie er sie meisterhaft wieder zusammenfügt. Trotz der Realität, die in mir bleibt, kann ich die Hoffnungslosigkeit hinter mir lassen. Für immer.

Ein Herz, das gelernt hat, dankbar zu sein

Unsere Gruppe saß in dem stickigen Flughafen und wartete auf den Heimflug. An Bord holte ich eine Wasserflasche aus meiner Tasche. Von neuer Freude erfüllt, dankte ich Gott für das Leben, das ich jetzt führte. Ich wurde nicht gegen meinen Willen festgehalten und deshalb war ich frei. Mir wurden nicht Nahrung, Wasser oder die Grundbedürfnisse des Lebens vorenthalten und deshalb war ich reich. Ich war nicht ohne Hoffnung und deshalb war ich wahrhaft am Leben!

Als ich die Flasche wieder in meinen Rucksack steckte, bemerkte ich ein kleines Jojo aus Plastik, und die strahlend weiße Schnur schrie danach, aufgerollt zu werden. Das Spielzeug war rot und auf beiden Seiten lachte mich ein

23

buntes Smiley-Gesicht an. Ein kleiner Junge hatte es mir in *Beslan* in die Hand gedrückt und mir mit Gesten klargemacht, dass er es mir schenken wollte.

Lächelnd sah ich seinen braunen Haarschopf vor mir, die knubbeligen kleinen Finger, die großen braunen Augen – so voller Optimismus und spürbarer Freude trotz seiner verständlichen Traurigkeit. Er hatte mehr als das Geschenk der Zeit bekommen und mehr als das größte Geschenk überhaupt. Ich möchte gern glauben, dass er durch unsere Arbeit dort die Möglichkeit bekommen hat, wieder ein Kind zu sein, wenn auch nur für einen Augenblick.

Ich werde immer an den Tag denken, an dem er mir sein neues Jojo geschenkt hat. Trotz allem, was er durchgemacht hat, und in all seiner Armut war er trotzdem entschlossen zu geben, alles wegzuschenken.

Genau das werde ich für den Rest meines Lebens tun, dachte ich, als ich das Jojo umdrehte und den Smiley anlächelte, der mich angrinste. *Geben, geben, geben, alles weggeben.*

Columbine ist überall

Unsere Hoffnung ist, dass uns nichts von der Liebe Gottes in Christus trennen kann, nicht einmal Leiden und Tod. Wir hoffen nicht auf ein leichtes, bequemes oder sicheres Leben auf dieser Erde. Unsere Hoffnung ist, dass wir durch die Liebe Gottes Freude in der Herrlichkeit Gottes erleben dürfen, die auch durch den Tod trägt und für alle Ewigkeit gilt.

JOHN PIPER, „EIN GOTTESDIENST VOLL TRAUER, DER SELBSTERNIEDRIGUNG UND BLEIBENDEN HOFFNUNG AUF UNSEREN ERLÖSER UND KÖNIG, JESUS CHRISTUS: EINE REAKTION AUF DEN ANSCHLAG AUF DAS WORLD TRADE CENTER"

Ich bin ein großer Fan der *Today* Show. Eigentlich vergeht kaum ein Tag, an dem ich mir nicht wenigstens noch die letzten Minuten anschaue. Ich finde sie sehr unterhaltsam und informativ. Und irgendwie ist mein Tag erst richtig vollständig, wenn er mit Katie, Matt und Al beginnt.

Doch an einem Morgen im Jahre 2005 empfand ich die Schlagzeilen, die an mein Ohr drangen, als ich Wasser für meinen Tee kochte, wie einen Angriff. *Wie die Polizei mitteilt, wurde ein achtjähriges Mädchen aus Florida lebendig begraben aufgefunden. – Bei einer Bombenexplosion in einem Restaurant in Bagdad kommen mindestens zehn Menschen ums Leben. – Oberster Gerichtshof tritt erneut in die Debatte über Abtrei-*

bung ein. – Explosionen in zwei Kinos in Neu Delhi. – Pastor wegen Beteiligung an einem Kinderschänderring verhaftet.

Gab es denn keine guten Nachrichten? Das erinnerte mich an die Zeit nach *Columbine*, als ich zusammen mit meiner Familie und meinen Freunden vor dem Fernsehgerät saß und wir alle Informationen, die wir bekommen konnten, gierig in uns aufsogen. Wir wollten alles erfahren, was an jenem Morgen des 20. April 1999 geschehen war.

An jenem bestimmten Morgen konnte ich die Erinnerung an das Geschehene einfach nicht beiseite schieben. Ich schaltete das Fernsehgerät aus, ging in mein Arbeitszimmer und suchte im Internet nach Einträgen über Schießereien an Schulen in den vergangenen Jahren. Ich wusste, dass es ähnliche Zwischenfälle wie *Columbine* gegeben hatte, und aus irgendeinem Grund wollte ich mich an jenem Tag vergewissern, dass auch andere Menschen dort draußen verstehen konnten, was ich durchmachte. Doch was ich auf dem Bildschirm sah, war ein großer Schock für mich.

Eine hellblaue Tabelle erschien mit den Daten von Amokläufen in Schulen an verschiedenen Orten auf der ganzen Welt. Diese spezielle Liste ging zurück bis zum Jahr 1996, als ein vierzehnjähriger Junge im Mathematikunterricht auf seine Mitschüler schoss, zwei Schüler und einen Lehrer tötete und einen weiteren Schüler verletzte.

Wie lang ist diese Liste denn?, fragte ich mich beim Durchblättern.

Ich zählte vierzig Einträge. Fast fünfhundert unschuldige Menschen hatten ihr Leben verloren.

Ich scrollte zum Anfang der grauenvollen Liste zurück und überflog die einzelnen Informationen:

- 19. Februar 1997: Ein sechzehnjähriger Junge in *Bethel, Alaska*, erschoss seinen Direktor und einen Mitschüler.

- März 1997: Mohammad Ahman al-Naziri tötete acht Menschen in zwei verschiedenen Schulen in *Sanaa, Jemen.*
- Dezember 1997: Michael Carneal, vierzehn, erschoss drei Schüler und verletzte zwei weitere, die an einem Gebetskreis in der *Heath High School* in *West Paducah, Kentucky,* teilnahmen.
- 21. Mai 1998: Ein fünfzehnjähriger Schüler in *Springfield, Oregon,* der am Vortag wegen des Mitbringens einer Waffe in die Schule festgenommen worden war, tötete zwei Schüler und verletzte einundzwanzig Mitschüler, nachdem er zu Hause beide Eltern erschossen hatte.
- 29. Februar 2000: Die sechsjährige Kayla Rolland wurde von einem sechsjährigen Jungen (ja, tatsächlich, sechs Jahre alt!) in ihrem Klassenzimmer erschossen, der im Besitz eines Revolvers Kaliber 32 war.
- 26. April 2002: Ein neunzehnjähriger Schüler des Johann-Gutenberg-Gymnasiums in Erfurt tötete dreizehn Lehrer, zwei Schüler und einen Polizisten und verwundete zehn andere, bevor er sich selbst das Leben nahm.
- September 2004: Die Geiselnahme in einer Schule in *Beslan.*
- 21. März 2005: Der sechzehnjährige Jeff Weise tötete seinen Großvater und Freund, bevor er zur Schule in *Red Lake, Minnesota,* kam, wo er einen Lehrer, einen Sicherheitsbeamten, fünf Schüler und schließlich sich selbst tötete.[1]

Ich musste zweimal hinschauen, als ich unter so vielen ähnlichen Ereignissen *Columbine* aufgelistet fand. Die Tragödie, die meine Freunde das Leben gekostet und das Leben von zahlreichen Menschen in Colorado für immer verändert hatte, war nur ein Zwischenfall von über drei Dutzend anderen. Im Begleittext waren nur die Fakten vermerkt:

20. April 1999, Littleton, Colo.: 14 Schüler (einschließlich der Mörder) und ein Lehrer getötet, 23 andere wurden in der Columbine High School verwundet bei dem tragischsten Amoklauf in einer Schule, den es je im Land gegeben hat. Eric Harris, 18, und Dylan Klebold, 17, hatten sich ein Jahr lang auf ihre Tat vorbereitet. Sie wollten wenigstens 500 Menschen töten und ihre Schule in die Luft sprengen. Am Ende ihres einstündigen Amoklaufs richteten sie ihre Waffen gegen sich selbst.[2]

Ich glaubte, die Schrecken von *Columbine* überwunden zu haben – und in vieler Hinsicht habe ich das vermutlich auch. Aber als ich auf meinen Computerbildschirm starrte und diesen nüchternen Abschnitt immer wieder durchlas, überfielen mich die Erinnerungen, und mein Herz und meine Kehle schnürten sich zusammen. Ich durchlebte das Grauen noch einmal.

Der schwärzeste Tag meines Lebens

Der Himmel über Colorado ist an jenem Frühlingsmorgen verhangen und grau. Mein Vater setzt mit seinem Pick-up aus unserer Einfahrt auf die Straße zurück. Das Motorengeräusch reißt mich aus meinem tiefen Schlummer. Ich zwicke mich in die Wange und frage mich, wo mein Morgenkuss geblieben ist. Gleichzeitig versuche ich mich zu erinnern, warum er an diesem Tag so früh zur Arbeit fährt.

Er hat viel zu tun, sage ich mir. *Vielleicht hat er vor seinen Ortsterminen als Landschaftsgestalter noch eine Besprechung.*

Ich stopfe mir das Kissen unter mein Kinn und hebe den Kopf, um zu sehen, wie viel Uhr es ist. 6 Uhr 32 zeigt der Wecker.

Mist! Schon siebzehn Minuten zu spät und ich liege immer noch im Bett.

Ich rolle mich auf den Rücken, auf einmal fasziniert von den Schatten, die über die Decke ziehen.

Ich muss jetzt aufstehen, denke ich. „Okay, los jetzt", stöhne ich.

Verschlafen tapse ich ins Bad, stecke die Zahnbürste in den Mund und beginne mit meiner Morgentoilette. Als ich unter die Dusche trete, beschleicht mich das ungute Gefühl, dass dieser Tag kein normaler Tag sein wird.

Was ist los?, frage ich mich, während ich mein Gesicht unter den Duschkopf halte. *Es geht bestimmt um meinen Dad*, sage ich mir und das Herz wird mir schwer. *Irgendetwas wird ihm heute zustoßen, ich weiß es einfach. Ein Unfall?*

Meine Gedanken wandern, während ich versuche, eine Erklärung für diese unheilvolle Ahnung zu finden. Ich kann die Sorge nicht abschütteln, aber ich weiß, ich muss mich jetzt beeilen, wenn ich noch rechtzeitig zur ersten Stunde in der Schule sein will.

Kleider. Ich muss mich anziehen. Schwankend springe ich in meine Lieblingsjeans, stecke die Füße in ein Paar hübsche Sandalen, während ich ein grün-blau gestreiftes Top und eine dunkelblaue Fleecejacke überwerfe. In aller Eile kämme ich mir die nassen, schulterlangen hellbraunen Haare und trage Wimperntusche auf, dann suche ich in meinem Zimmer meine Sachen zusammen und stopfe sie in meinen Rucksack.

Ich bin heute so fahrig. Vielleicht sind das noch die Nachwirkungen vom Abschlussball, verteidige ich mich.

Ich betrachte meine manikürten Nägel, ein Überbleibsel von dem Ball vor wenigen Tagen.

Sie sehen immer noch gut aus!

Ich schwelge in der Erinnerung an den Ball. In meinem wadenlangen weißen Ballkleid kam ich mir vor wie eine Prinzessin.

Mom reißt mich aus meinen Gedanken an James, meine Freunde, Fröhlichkeit und Tanzen, als sie den Kopf in meine geöffnete Zimmertür steckt.

„Du musst los, Schatz", ruft sie und wirft mir eine Kusshand zu.

Ich bin zu sehr in Eile, um sie zu fragen, warum sie so früh am Morgen bereits angezogen ist, und so entscheide ich mich für eine schnelle Antwort.

„Tschüss, Mom. Ich liebe dich!", rufe ich und meine es ernst.

Schnell wirbele ich noch einmal in meinem Zimmer herum, um mich zu überzeugen, dass ich nichts vergessen habe. Wieder schaue ich auf meinen geliebten Wecker. 7 Uhr 24. Kein Frühstück heute – wieder einmal nicht.

„Vier Stunden bis zum Mittagessen", murmele ich vor mich hin. „Das schaffe ich."

Bei der ersten Ampel auf dem Weg zur Schule verschlechtert sich meine Laune noch mehr, denn mir fällt ein, dass ich am Nachmittag einen Physiktest schreiben muss.

Wann soll ich denn für diesen blöden Test lernen? Als es grün wird, fällt mir die Lösung ein. *Beim Mittagessen! Ich werde Seth und Sara bitten, mich abzufragen. Das klappt schon. Wir können uns ja in die Bibliothek setzen, anstatt irgendwo auf dem Campus zu essen. Sie werden mir schon bei der Vorbereitung helfen.*

Ich schalte das Radio lauter und fahre zur *Columbine.*

Es ist 7 Uhr 35, als ich den Wagen auf dem mir zugewiesenen Parkplatz abstelle, ein wenig spät, aber noch nicht so spät, dass ich Ärger bekomme. Es regnet und meine Füße werden kalt, als ich aus dem Wagen aussteige und zum Schulgebäude eile.

April in den Rockies, denke ich. *Man weiß nie, was einen erwartet.*

Ich wickle meine Fleecejacke fester um mich und wünschte, ich hätte bei der Auswahl meiner Schuhe mehr Vernunft walten lassen.

Die erste Stunde zieht sich endlos hin, ist aber schließlich zu Ende. Ich gehe zur zweiten Stunde – Mathematik – und setze mich an mein Pult. Endlich bin ich ganz wach, nachdem ich in der Nacht nicht viel Schlaf bekommen habe. Meine Freundinnen und ich unterbrechen unsere Gespräche, als der Monitor in der Ecke lebendig wird und die Ankündigungen ablaufen. Moderatoren an diesem Tag sind zwei Schüler aus der Medienklasse, die ausgewählt wurden, die Sendung in dem *Rebel News Network* unserer Schule zu moderieren.

Die Nachrichten an diesem Tag können unsere Aufmerksamkeit nicht fesseln, und meine Freundinnen und ich plaudern weiter und hören nur mit halbem Ohr auf die Informationen zum Mittagsmenü, zum Austragungsort des nächsten Spiels des Baseballteams und zum Erscheinungsdatum des neuen Jahrbuchs. Wie gewöhnlich endet die Sendung mit einem Spruch des Tages am unteren Rand des Bildschirms. Die Hintergrundmusik zum Tagesspruch ist heute ein übler Technopop. Ich blicke auf, als der Satz über den Bildschirm flimmert:

... 20. ... April ... 1999 ... Ihr ... werdet ... euch
... noch ... wünschen ... ihr ... wärt ... heute ...
nicht ... hier ...

Was ist neu daran?, denke ich bei mir. *Das wünsche ich mir jeden Tag! Ich meine, ich lebe in der Nähe der Berge. Wer will*

da schon in der Schule hocken? Ich könnte zu Hause noch im
Bett liegen oder in den Rockies wandern oder Fahrrad fahren.
Alles wäre besser als das hier. Wie blöd.

Zwei Schulstunden später lasse ich Mr Webbs Englisch-
unterricht über mich ergehen und werde von Minute zu Minute ungeduldiger. *Jetzt müsste es jeden Augenblick zur Mittagspause läuten und dann kann ich endlich hier raus,* denke
ich und versuche krampfhaft, ruhig sitzen zu bleiben. Mein
Physiktest hängt wie ein Damoklesschwert über mir, und
ich weiß, um ihn zu bestehen, muss ich noch einige Zauber-
kunststücke durchziehen.

Das schrille Klingeln unterbricht Mr Webb in seinen Erklärungen zu den Hausaufgaben. Ich schnappe mir meinen
Rucksack, stopfe mein Lehrbuch hinein und stürme zur
Tür. Dort werde ich von meinem Freund Seth begrüßt, der
ein Drittel meines Lernteams für die Mittagspause dar-
stellt, was er allerdings noch nicht weiß. Ich packe ihn am
Arm und eile mit ihm zur Bibliothek – mit Sicherheit die
bessere Wahl als die Cafeteria, wenn man in Ruhe arbeiten
will –, während ich ihm erkläre, dass er mir unbedingt helfen muss, anstatt eine schöne, normale Mittagspause zu ge-
nießen.

„Seth, ich habe gestern Abend vergessen, mich auf den
Physiktest vorzubereiten, den wir heute Nachmittag
schreiben. Du musst mich in der Mittagspause abfragen!
Bitte?!", flehe ich ihn an.

Während wir gegen den Strom der Schüler anschwim-
men, die in den knapp fünfzig Minuten Pause zu *McDonald's*
oder *Taco Bell* eilen, sind wir beide unterwegs zu den
Spinden, um Seths Schwester Sara zu suchen. Sie hat einen
Bärenhunger und will wissen, wo wir heute essen wollen.

Grinsend zieht Seth die Augenbrauen in die Höhe und richtet seinen Blick bedeutungsvoll auf mich, als wolle er sagen: *Frag Crystal. Sie hat für diesen Tag besondere Pläne mit uns.* Ihm scheint egal zu sein, was wir tun – er hatte kurz zuvor in seiner Freistunde schnell einen Bagel verschlungen.

Sara stöhnt, ist aber bereit, sich uns anzuschließen. In der Bibliothek sind Essen und Getränke verboten; Sara und ich werden also hungern müssen. Jetzt wünschte ich wirklich, ich hätte mir Zeit für das Frühstück genommen.

Die Bibliothek ist ungewöhnlich leer. Wir steuern auf die Tische im Mittelteil zu.

Es ist so warm geworden, dass man draußen essen könnte, denke ich bei mir.

Seth ist verblüfft, dass ich, ohne Alarm auszulösen, durch die Sicherheitsdetektoren gehen kann, die zu beiden Seiten des Bibliothekseingangs installiert sind. Sie wurden ein paar Jahre zuvor eingebaut, um dem Diebstahl von Büchern, Zeitschriften, Videos und CDs vorzubeugen.

„Wir setzen uns hierher", erkläre ich und deute auf einen freien Tisch. Als ich einen Stuhl unter dem schweren Eichentisch hervorziehe, bemerke ich die Sonnenstrahlen, die jetzt durch das bis zum Boden reichende Fenster auf der Westseite fallen.

Natürlich, jetzt hänge ich hier fest und muss pauken, während draußen die Sonne lacht!

Wir drei lassen uns nieder und sehen uns in der Bibliothek um. „Es ist wirklich *kein Mensch* da", bemerkt Sara, während unser Blick über die leeren Computerterminals, die freien Tische und den verwaisten Informationsschalter gleitet. Ich lasse meinen Rucksack neben meinem Stuhl zu

Boden plumpsen und beuge mich vor, um mein Physikbuch zu suchen. Als ich es herausziehe, fällt so eine dämliche wissenschaftliche Zeitschrift mit heraus.

„Was ist das denn?", frage ich Seth und Sara.

„Nun, sagen wir, du bist detektorsicher", bemerkt Seth mit einem trockenen Grinsen. „Ich habe sie vergangenen Freitag unter deine Sachen geschmuggelt, damit du das nächste Mal, wenn wir hierherkommen, auffliegst, aber er hat nicht angeschlagen!"

Grinsend rolle ich die Zeitschrift langsam zusammen und will sie ihm um die Ohren hauen, doch er weicht mir aus. Unsere Kabbelei erregt die Aufmerksamkeit der Bibliothekarin, und sie findet das gar nicht lustig.

Wo ist sie nur auf einmal hergekommen?

Wir nicken ihr auf ihren mahnenden Blick hin zu und sind entschlossen, uns endlich an die Arbeit zu machen.

Seth ist immer noch nicht bereit, mir bei der Vorbereitung zu helfen. Er springt pflichtbewusst auf, um die gestohlene Zeitschrift an ihren Platz in der Nähe der Computerterminals zurückzulegen. Sara starrt mich an, während ich die Kapitel im Physikbuch durchblättere, die ich innerhalb von vierzig Minuten verinnerlichen muss.

„Sechsunddreißig Seiten!", keuche ich, doch sie fängt an zu lachen. „Ausgeschlossen!"

Seufzend nehme ich mir zum x-ten Mal vor, von jetzt an regelmäßig für die Schule zu arbeiten.

Während ich noch mit meinen Gedanken beschäftigt bin, platzt eine Lehrerin, die ich nicht kenne, in die Bibliothek. Sie ist äußerst erregt und panisch. Ich habe gar nicht bemerkt, dass mittlerweile mehrere Dutzend Schüler die Tische in unserer Nähe besetzt haben, bis ich mich umschaue, um zu sehen, was diese Störung zu bedeuten hätte.

„Da sind Jungen mit Pistolen!", schreit die Lehrerin. Sie ist außer sich, rennt durch den Raum zur Ostseite der Bibliothek. „Sie haben Bomben! Versteht ihr mich? Bomben und Gewehre! Sie schießen auf die Schüler! Bewegt euch … sofort! Sucht unter den Tischen Deckung, *sofort*", brüllt sie.

Ihre Stimme überschlägt sich, sie fuchtelt mit den Händen vor ihrem Gesicht herum, das immer noch weiß ist wie ein Laken.

Die Spannung im Raum ist mit den Händen zu greifen. Wir starren die hysterisch schreiende Frau an.

Soll das ein Scherz sein? Ein Streich der älteren Schüler?, frage ich mich.

Ich blicke Seth an, der bereits zu den älteren Schülern gehört, um herauszufinden, ob er an dem Streich beteiligt ist.

Ihr Abschluss ist erst in einem Monat, argumentiere ich. *Bestimmt haben die Schüler aus dem Videoseminar was vor – das ist sicher irgendein komisches Projekt.*

Ich bleibe auf meinem Stuhl sitzen und warte darauf, dass sich das Rätsel löst. Das alles kann nicht real sein. Es handelt sich bestimmt um einen dummen Scherz. In den Fluren vor der Bibliothek höre ich Schüler rennen und schreien, aber das ist alles so fern, so bizarr.

„Wo ist Mrs Keating? Mrs Keating!", ruft die verstörte Lehrerin. Doch die Bibliothekarin antwortet nicht. *Seltsam*, denke ich. *Mrs Keating war gerade noch am Informationsschalter. Wo ist sie hingegangen?*

Die Frau deutet mit dem Kopf auf Sara und mich und fordert uns erneut auf, unter den Tischen Schutz zu suchen. Seth rennt zu den Fenstern, um nachzuschauen, was los ist. Als er zurückkehrt, blickt er mich ruhig an.

„Das ist nur die Mittagshektik", beruhigt er mich. „Alles in Ordnung."

Ich kaufe ihm seine Erklärung nicht ab, doch ich bewundere seine Ruhe.

Die panische Lehrerin hat sich noch nicht beruhigt, und

ihre Hysterie macht uns alle nervös. Hinter ihr taumelt ein Schüler in die Bibliothek, der seine rechte Hand auf die linke Schulter presst. Blut sickert durch sein T-Shirt. Vor den Sicherheitsdetektoren stürzt er zu Boden. Alle im Raum schreien entsetzt auf.

Ich beginne zu keuchen und drücke mein Kinn auf die Brust, um mich zu beruhigen.

„Mein Gott, er blutet! Was sollen wir tun? Was sollen wir tun?", plappere ich in Seths Richtung.

Aus den Augenwinkeln heraus bekomme ich mit, wie der blutende Schüler sich zum Pausenraum hinter dem Informationsschalter schleppt.

„Seth, was ist los?", frage ich flehend. „Ich meine, was geht da vor? Was ist hier los, Seth?"

Keine Antwort von meinem Freund.

Aus den Fluren dringen Schreie zu uns herein. Ein anderer Lehrer platzt in die Bibliothek. Es ist Mr Long, der Technikunterricht erteilt. Er bombardiert uns mit Anordnungen, besteht darauf, dass alle die Bibliothek sofort verlassen.

„Raus hier, sofort!", ruft er uns zu.

Die Lehrerin schreit uns ebenfalls an und ihre zitternde Stimme kippt, als sie mit jedem Satz lauter wird. „Alle bleiben unter den Tischen! Schüler! Köpfe auf den Boden und … bewegt … euch … nicht!"

Auf den Gesichtern der Schüler zeigt sich Verwirrung und Panik.

Auf wen sollen wir denn nun hören? In welche Richtung sollen wir gehen? Was sollen wir tun, unter den Tischen Deckung suchen oder hier verschwinden?

Mr Long ist genauso schnell wieder verschwunden, wie er gekommen ist, und während er aus der Bibliothek wieder in den Flur rennt, höre ich, wie die Schreie und das Knallen lauter werden.

„Alle bleiben unter den Tischen!", ruft die Frau ein letztes Mal mit Nachdruck, so als wolle sie unsere Verwirrung ein für alle Male beenden. Ich höre, wie sie zum Informationstisch geht, den Hörer abnimmt und die drei Nummern wählt, die uns zeigen, dass es sich definitiv nicht um einen Streich der älteren Schüler handelt.

„Ja hallo. Ich bin Lehrerin an der *Columbine High School*", erklärt sie mit ruhiger Stimme. Irgendwie scheint sie ihre Fassung wiedergefunden zu haben. „Wir haben hier einen Schüler mit einer Pistole. Er hat aus einem Fenster geschossen … ich glaube … einige Schüler wurden getroffen!", sie unterbricht sich und wird wieder hysterisch, als Schüsse näher kommen. „Unter die Tische, Kinder! Köpfe unter die Tische!"

Irgendetwas stimmt hier nicht! Was ist nur los?, denke ich, während Seth, Sara und ich unter dem Tisch Deckung suchen.

Unsere Arme und Beine verhaken sich, denn unter dem Tisch ist es für drei Personen recht eng. Ich lande genau vor Seth, mein Kopf liegt in seinem Schoß, mein Blick heftet sich auf seine Knie und Schuhe, den Rücken habe ich dem Eingang der Bibliothek zugekehrt.

Ich schaue zu ihm auf, als er sagt: „Du brauchst dir keine Sorgen zu machen, Crys-", doch bevor er noch die zweite Silbe meines Namens aussprechen kann, ertönt ein lauter Knall aus dem Flur.

„Crystal", wiederholt er, wie um seinen Gedanken zu Ende zu bringen, „das sind Pistolen mit Gummigeschossen und Feuerwerkskörper. Du brauchst wirklich keine Angst zu haben, glaube mir."

Von ganzem Herzen möchte ich Seth glauben. Er gehört zu meinen besten Freunden – er würde nie zulassen, dass mir irgendetwas zustößt. Und außerdem geschieht hier in *Littleton, Colorado*, doch nie etwas Schlimmes! Das ist unsere Stadt – unsere sichere, intakte Luftblase. In dieser

Stadt gibt es keine Probleme mit Gangs, keinen Drogenring. Die anderen Amokläufe in Schulen kommen mir in den Sinn, von denen ich in den vergangenen Monaten gehört hatte. Aber *Littleton* ist schließlich nicht *West Paducah*. Unsere Stadt ist *sicher*!

Als die Schüsse und Schreie lauter werden und näher kommen, straft Seth seine Worte Lügen und streckt sich neben mir lang auf dem Boden aus und legt seine Arme fest um meinen Kopf. Sara, die zu meinen Füßen gehockt hatte, drückt sich an mich, klammert sich an meine Taille und Beine. Sie ist etwa in meinem Alter – nur eine Klasse unter mir –, aber im Laufe der Jahre ist sie mir wie eine kleine Schwester geworden.

Sara und ich zittern und wimmern, während der ungewöhnliche Lärm noch zunimmt.

„Was ist da nur los?", frage ich Seth und Tränen steigen mir in die Augen. Ich habe zu viel Angst, um einen Ton von mir zu geben, und so unterdrücke ich meinen Drang zu weinen.

Seth versucht mit mehr Überzeugungskraft mir einzureden, dass alles in Ordnung sei.

„Crystal, hab keine Angst. Aber passt auf, wir müssen anfangen zu beten. Sara, du auch. Was immer hier geschieht, Gott ist der Einzige, der uns hier durchbringen kann. Bete, Crystal."

Mein Herzschlag setzt aus, als auf einmal der Feueralarm losplärrt. Ich hatte gar nicht gemerkt, wie viel Rauch aus dem Flur in die Bibliothek gedrungen war. Ich erschaudere innerlich.

Ich wusste gar nicht, dass es noch lauter werden kann!

„Beruhige dich, Crystal, beruhige dich", redet Seth auf mich ein. Er nimmt meinen Kopf in seine Hände. „Fangt an zu beten. Bitte fangt sofort an zu beten."

Das Atmen kostet mich große Mühe, denn meine Gedanken überschlagen sich, während ich versuche, den Lärm und die Gerüche um mich herum einzusortieren. Über die Schüsse, Schreie und das Schrillen des Feueralarms hinweg kann ich meinen Herzschlag hören.

Gott, bitte beschütze uns. Bitte schicke die Polizei, damit sie uns hier heraushollt. Bitte, Gott, bitte sende deine Engel, damit sie uns helfen.

Meine Bitten sind ein kurzes, stummes Stoßgebet, jede Bitte ist eindringlicher als die vorhergehende.

Der Lärm im Flur ist jetzt so nah, dass ich meinen Kopf noch fester an Seths Brust drücke. *Aus welcher Richtung kommen sie? Von rechts oder von links?* Irgendwie ist mir das wichtig. Die Wahrheit ist, sie kommen geradewegs auf die Bibliothek zu. Und sie kommen sehr schnell näher.

„Crystal", sagt Seth ernst und eindringlich, „du sollst wissen, dass ich bereit bin, eine Kugel für dich abzufangen. Ich verspreche dir, dass ich die Kugel für dich nehmen werde."

Ich fange an zu hyperventilieren.

Was redet er da? Er will eine Kugel für mich nehmen? Wird jemand auf mich schießen? Ich weigere mich zu glauben, dass ich tatsächlich in Gefahr bin, dass mein Leben wirklich auf dem Spiel steht. *Mein Gott! Ich gehe doch noch zur Schule! Was redet er da?*

Während ich zum ersten Mal den Gedanken zulasse, dass mein Leben zu Ende gehen könnte, ziehen Bilder von Familienangehörigen und Freunden vor meinem inneren Auge vorüber. Dumme Entscheidungen, die ich getroffen habe, fallen mir ein, die lächerlichen Dinge, die ich in meiner Vergangenheit getan habe. Ich fange an mich zu fragen, wie es wohl sein wird – wie es sich wohl *anfühlen* wird –, erschossen zu werden.

Wird es wehtun? Werde ich es wissen, wenn ich getroffen bin? Wird es mich lähmen? Und wenn ich danach keinen Sport mehr treiben oder nicht mehr laufen kann? Oder wenn ich da-

bei umkomme? Wird der Tod sofort eintreten oder werde ich leiden und mich in Schmerzen winden müssen?

Ich drücke mich noch fester an Seth in der Hoffnung, dass seine Nähe die überwältigende Übelkeit besänftigt, die in mir hochsteigt.

Stimmen. Ich höre neue Stimmen.

Zwei böse Stimmen dröhnen jetzt durch die Bibliothek, erfüllt von Verachtung, Wut und Zorn, und auch die Schüsse kommen näher.

„Auf diesen Tag haben wir unser ganzes Leben gewartet!", schnaubt einer. „Das ist für alle von euch, die uns gehänselt und verspottet haben!"

„Ja! Das ist für euch alle!", bekräftigt der andere.

Mir ist sofort klar, dass dies die Stimmen von den „Jungen mit Pistolen" sind, wie die panische Lehrerin noch vor wenigen Augenblicken der Polizei gemeldet hatte, aber in ihren Worten liegt so viel Böses, solcher Hass, dass sie eher den Eindruck von erwachsenen Männern machen. Ich kann ihre Gesichter nicht sehen, ihre Körper, ihre Waffen, aber auf einmal prasseln Schüsse gegen die Wände der Bibliothek und mehrere Bomben explodieren. Ich unterdrücke meinen Hustenreiz, weil ich ihre Aufmerksamkeit nicht auf mich lenken will.

„Aufstehen, alle!", befiehlt einer von ihnen. „Kommt unter den Tischen hervor", ruft er und gibt eine Salve über den Boden ab.

Keiner rührt sich.

„Alle Sportler – aufstehen!", schreit er mit lauter Stimme über das Schrillen der Sirene hinweg. Das gelbe Warnlicht der Feueralarmleuchte zuckt durch den Raum. Noch immer keine Bewegung.

„Ihr Sportler seid alle tot", verkündet die Stimme. „Wenn ihr ein weißes T-Shirt oder eine weiße Kappe aufhabt, dann verabschiedet euch. Ihr seid tot."

Ich höre eine Stimme von der anderen Seite des Raums. „Warum tut ihr das?", ruft ein Mädchen.

Er beantwortet ihre Frage mit einer Gewehrsalve. Der ganze Raum erzittert unter den Explosionen.

So muss die Hölle sein, denke ich, während ich versuche, meinen zitternden Körper unter Kontrolle zu bekommen. *Das Zittern will nicht aufhören ... ich kann es nicht stoppen.*

Ich höre ein Gespräch zwischen den Schützen und Isaiah, einem der älteren Schüler. Er ist Footballspieler an unserer Schule. Isaiah hat unter einem Tisch in unserer Nähe Deckung gesucht. Sie verspotten ihn, beschimpfen ihn. Ich wünsche mir verzweifelt, dass sie aufhören mit ihren rassistischen Beleidigungen, aber ich weiß, ich kann nichts machen.

Mehrere Schüsse werden abgegeben und dann fragt eine hasserfüllte Stimme: „Ist er tot?"

„Ja, er ist tot", erwidert der andere.

Isaiah?, frage ich mich. *Sie haben gerade Isaiah erschossen?*

Die Befriedigung in ihren Stimmen erschüttert mich. Jeder Mord ist in ihren Augen ein Triumph – ein Anlass zum Feiern und für Jubelausbrüche.

Ich bin die Nächste, sage ich mir. *Ich weiß, ich bin die Nächste.*

Mit jeder Gewehrsalve erbebt der Boden. Er droht nachzugeben und auf die darunter gelegene Cafeteria zu stürzen. Ich konzentriere mich darauf, trotz des Rauchs zu atmen, schnappe verzweifelt nach Luft, als stehe nur begrenzt Sauerstoff zur Verfügung. Mein Fleisch wird taub an den Stellen, wo Schrapnellsplitter unter unseren Tisch geflogen sind und meine Beine getroffen haben.

Die unterschiedlichsten Gedanken, Gefühle und Wünsche gehen mir durch den Kopf.

Ich will hier raus. Ich bekomme keine Luft. Mein Herz schlägt viel zu schnell. Ich muss zur Toilette. Ich spüre dich nicht, Gott. Bist du da? Bitte bring uns hier lebend heraus. Bitte! Bitte, bitte, bitte, bitte, Gott.

Meine Gedanken wirbeln wild durcheinander.

Einer der Schützen fragt: „Wer ist bereit zu sterben? Wer ist der Nächste, hä?"

Das bin ich. Ich weiß, das werde ich sein, denke ich in panischer Angst.

Meine Arme liegen noch an meiner Seite. Ich spüre, wie Seth näher an mich heranrückt, damit kein Zwischenraum mehr zwischen uns ist, weil er sich für die Kugel bereit macht, die bestimmt durch uns beide hindurchschlagen wird. *Einatmen, eins, zwei … ausatmen, eins, zwei … einatmen, eins, zwei … ausatmen, eins zwei*. Ich atme ganz bewusst.

„Hey, du da! Mit der weißen Kappe!", schreit einer der Mörder. Ich zucke zusammen, denn ich weiß, dass Seth an diesem Tag eine weiße Baseballkappe trägt, doch ich merke sofort, dass sie nicht ihn meinen. Ganz langsam und unauffällig zieht Seth seine weiße Kappe – das „Sportlerzeichen", nach dem die Schützen suchen – vom Kopf und steckt sie zwischen uns, eine Bewegung, die ihm vermutlich das Leben rettet.

Und inmitten dieses Chaos kommt mir der Gedanke, dass ich mit Gott noch nicht ins Reine gekommen bin und dass ich gerade auf der Schwelle zur Ewigkeit stehe, während mir die Kugeln um die Ohren fliegen.

Gott, wenn du real bist, bitte, lass mich das lebend überstehen! Gott, hol mich hier raus, und ich werde dir immer dienen. Ich werde mich dir ganz ausliefern und nur noch für das leben, was wirklich zählt. Nur hol mich hier raus. Gott, ich habe es vorher nicht begriffen. Ich habe es einfach nicht verstanden. Ich hatte nur Partys im Kopf. Aber jetzt begreife ich es. Ich will keine Partys mehr feiern, ich werde nicht mehr trinken, ich werde mit alldem Schluss machen. Gott, nur hol mich hier raus, dann werde ich dir dienen. Ich wünsche mir eine zweite

Chance, Gott, um meinen Freunden, meiner Familie zu sagen, wie sehr ich sie liebe. Ich hatte heute Morgen gar keine Gelegenheit, meinem Dad zu sagen, wie sehr ich ihn liebe, wie wichtig er für mich ist und wie sehr ich ihn zu schätzen weiß. Bitte, bitte lass mich meine Familie wiedersehen.

Und sofort macht sich ein Gefühl in mir breit, das sich wie Frieden anfühlt.

Ich erinnere mich nicht, es erhofft und ausdrücklich darum gebeten zu haben. Ich erinnere mich nur, dass ich darum gebeten habe, am Leben zu bleiben, aber Frieden? Das kommt unerwartet. Doch dieses Gefühl ist nicht von Dauer.

Mit zitternden Fingern hole ich meinen Kaugummi aus dem Mund und ignoriere meine abwegigen Gedanken. Ich sage mir, dass ich, wenn ich getroffen werde, ganz bestimmt nicht an meinem Kaugummi ersticken will.

Stimmen kommen näher, und ich halte die Luft an und lausche angestrengt, ohne den Kopf zu bewegen, aus Angst, bemerkt zu werden. Jemand kommt auf unseren Tisch zu, und ich grabe meine Fingernägel noch tiefer in meine bereits gefühllose Handfläche. Ich kann nichts verstehen, höre nur tiefe Stimmen voller Verachtung und Hohn.

Auf einmal reißt mich Saras Stimme aus meinen Gedanken. *Sie wird doch wohl nicht beten!*, denke ich. *Doch, das tut sie! Sie betet laut! Was denkt sie sich nur dabei? Sie werden sie hören! Sie werden uns hier unter diesem Tisch entdecken!*

Sara flüstert weiter, mit zitternder, aber starker Stimme. Ich stoße ihr mit dem Knie gegen die Brust und hoffe, sie begreift den Hinweis, dass sie den Mund halten soll, aber sie macht weiter. Und auf einmal bin ich dankbar für den Feueralarm und vertraue darauf, dass er das unzeitige Gebet meiner Freundin übertönt.

Ein umstürzender Stuhl streift mich an der Schulter. Ich merke, dass die Füße der Mörder nur wenige Zentimeter von meinem Kopf entfernt stehen.

Sie stehen an unserem Tisch! Jetzt ist es so weit, denke ich. *Jetzt ist es so weit!* Ich spüre ihre Gegenwart, auch wenn ich nicht sehen kann, was vorgeht.

„Wer ist das?", ruft er und wirbelt herum.

„John." Die Stimme kommt von dem Tisch unserem schräg gegenüber.

„Steh auf, John. Verschwinde hier", fordert der Mörder ihn ruhig auf. „Du hast uns nie etwas getan. Verschwinde hier, denn wir werden diesen Raum in die Luft jagen. Geh!"

Mein Herz schlägt so schnell, dass kein einzelner Herzschlag mehr zu spüren ist. Mein Puls hat entweder ausgesetzt oder sich zu einem langen Pulsieren verschmolzen, ich weiß es nicht.

Die Bibliothek wird in die Luft fliegen und es gibt keinen Ausweg. Ich werde hier unter diesem kleinen Tisch liegend sterben, flach auf den Boden meiner Schule gedrückt. Ich werde heute sterben und ich bin doch erst sechzehn. Ich habe noch gar nicht richtig gelebt. Und jetzt werde ich sterben.

Ich bin verloren in meiner Verzweiflung, schwimme gegen einen Tsunami des Zorns, der Verwirrung, der Furcht, der Wut, Bitterkeit und Trauer an. *Warum ich? Warum ich!* Mein Körper beginnt wieder unkontrollierbar zu zittern, ich kneife die Augen fest zusammen und bereite mich innerlich auf den Schuss vor, der mich seitlich treffen wird.

„Hey, Schwachkopf!", schreit einer der Schützen einem Jungen unter dem Nachbartisch zu.

Meine Augen wölben sich beinahe hervor, als mein Körper zusammenzuckt und dann erstarrt. Ich frage mich, mit wem sie sprechen.

Dann eine Gewehrsalve. „Das wird ihm eine Lehre sein", höhnt der Mörder.

„Ich habe meinen Clip verloren!", schreit der andere Schütze.

„Such ihn!", brüllt der andere. „Los, Mann, du musst ihn

finden – ich habe keine Munition mehr. Ich muss nachladen", erklärt er.

Seine Worte sind von einer Reihe von Flüchen unterbrochen.

„Es ist alles voller Rauch … ich kann ihn nicht finden!", kommt die Antwort.

Als ich ausatme, wird mir klar, dass ich die Luft angehalten habe, stundenlang, wie mir scheint. Die Stimmen entfernen sich, aber kurz darauf höre ich sie wieder. Ihre Gewehre fallen scheppernd auf unseren Tisch. Ich flehe Gott verzweifelt an, doch endlich einzugreifen.

Mach uns absolut unsichtbar, Gott! Lass nicht zu, dass sie uns sehen!

„Was um alles in der Welt machen wir jetzt?", ruft einer von ihnen.

Ich halte die Augen immer noch geschlossen. Jetzt höre ich, wie Metall auf Metall kratzt – ein neues, aber gleich schreckliches Geräusch wie der Lärm der vergangenen Minuten.

„Ich wollte schon immer mal jemanden mit einem Messer töten", sagt einer von ihnen.

Mein Magen dreht sich um, als ich mich auf diese neue Variante meines Todes einstelle.

Oh Gott, das kann ich nicht. Bitte hilf uns!

Die Füße rennen zur anderen Seite der Bibliothek und beide Mörder jauchzen begeistert auf beim Anblick ihres Werkes. Ich höre, wie Glas zu Bruch geht. Etwas Schweres fällt zu Boden, dann nichts mehr.

Nichts. Keines der Dinge, die mein Leben bedroht haben.

Keine Stimmen. Keine Bomben. Keine Schüsse. Kein Rufen. Nur der Feueralarm, der immer noch durchdringend schrillt.

Seth schiebt seinen Kopf über die Tischkante, springt auf

und rennt zusammen mit anderen Schülern zur Tür. „Los, kommt!", schreit er.

Ich hebe den Kopf und sehe Seth mit mehreren anderen Schülern losrennen. Doch ich bleibe auf dem Boden liegen. Sara umklammert meine Beine. Ich bin wie betäubt. Mein Körper ist gelähmt. Ich kann nicht laufen. Ich kann nicht atmen. Ich kann mich nicht rühren. Ich kann gar nichts.

Sara und ich klammern uns aneinander und warten darauf, dass die Schützen zurückkehren und ihr Werk zu Ende bringen.

Sie sind nur losgegangen, um nachzuladen!, denke ich bei mir. *Sie werden wieder zurückkommen!*

Seltsamerweise ist dieser Tisch irgendwie zu meiner Sicherheitszone geworden, und ich will ihn nicht einfach so verlassen.

Seth dreht sich um, rennt zu unserem Tisch zurück, packt meinen linken Arm und will mich auf die Beine zerren.

„Wir müssen verschwinden – SOFORT!", schreit er voller Besorgnis. Da er bei mir nichts erreicht, versucht er es bei seiner Schwester. „Kommt schon! Das ist unsere einzige Chance!"

Langsam kommen Sara und ich wieder zu uns. Wir rappeln uns hoch und setzen uns in Richtung Ausgang in Bewegung. Meine Handtasche hängt noch an meiner Schulter. Sie wiegt zehnmal so viel wie sonst. Ich taumele unter ihrem Gewicht.

„Crystal!", ruft Seth. „Lass sie da! Nimm nichts mit … verschwinde einfach von hier!"

Ich nehme sie von der Schulter und werfe sie in die Ecke zu den Computerterminals, als ich Seth folge.

Ich sehe nur Tod, denke ich, während ich über die Körper meiner Klassenkameraden hinwegsteige und zum Ausgang eile.

Meine Beine bewegen sich wie in Zeitlupe, aber ich

habe das Gefühl, als würde ich so schnell rennen, wie ich kann. Überall im Raum flackern kleine Feuer – Reste des Amoklaufs der Mörder. Die Computerterminals sind zerschmettert oder zerschossen, die Bücherregale sind leer, die Bücher liegen auf dem Boden verstreut. Blutige Körper liegen neben Tischen und Computerterminals, leblos, surreal.

Ich zucke zurück, als ich an die frische Luft komme. Den Kopf halte ich gesenkt, den Blick auf meinen Fluchtweg gerichtet. Seth läuft unmittelbar vor mir, Sara direkt hinter mir. Endlich werfe ich meinen Kaugummi, den ich immer noch in der Hand halte, fort, damit ich schneller laufen kann. Überall rennen Kinder herum, einige blutend von den Schüssen und Bombensplittern.

Ich entdecke einen leeren Streifenwagen auf dem Gras nur wenige Meter von dem Eingang zur Bibliothek entfernt und eile darauf zu – eine Barrikade!

Wo sind die Mörder? Wohin sind sie gegangen?, frage ich mich, als ich hinter den Reifen des Wagens in Deckung gehe. Vorsichtig spähe ich hinter der Stoßstange hervor, um zu sehen, was passiert.

Meine Klassenkameradin Kasey Ruegsegger hockt neben mir. Ihre Schulter wurde von einem Schuss zerfetzt.

Ich kann das nicht mitansehen, denke ich, während ihr Blut das Gras und die Erde unter ihrem Körper durchtränkt. Sie bringt nicht einmal die Energie auf, auf ihre Wunde zu drücken. Sara kriecht zu ihr hin und presst ein abgerissenes Stück von einem T-Shirt auf die blutende Schulter.

Ein Jugendlicher neben mir ruft so laut, dass wir alle ihn hören können.

„Es sind zehn Männer mit Gewehren", erklärt er. „Fünf auf dem Dach. Sie sind überall. Bleibt unten. Bleibt in Deckung!"

Ich schiebe mich neben den Reifen des Streifenwagens. Ich spüre, dass ich allmählich die Kontrolle verliere. Eine neue Welle der Hysterie überfällt mich, und ich spüre, dass ich alles irgendwie nur noch meinem Körper entrückt erlebe. *Das kann nicht wahr sein! Wir werden sterben. Da sind Männer mit Gewehren ... hört denn niemand zu? Fünf mit Gewehren bewaffnete Männer auf dem Dach!* Ich beginne haltlos zu schluchzen, mein ganzer Körper bebt. Ich bekomme keine Luft mehr. Ich kann das nicht.

Wie betäubt blicke ich auf und sehe, wie Seth von der Barrikade zum Schülerparkplatz rennt. Er sucht hinter einem Ford Bronco Deckung. Mehrere Schüsse werden auf ihn abgefeuert. Ein Polizist hebt seine Waffe und feuert zurück. Er zielt auf die Fenster der Bibliothek im zweiten Stock der Schule.

Drei Jungen – einer von ihnen geht in meine Klasse – packen mich und versuchen mich zu beruhigen. Mein Körper reagiert nicht. Meine Hände sind taub, erstarrte Klauen, zu jeder Bewegung oder Reaktion unfähig. Tausend Nadeln piesacken meine Finger, Hände, Zehen, Füße. Meine Arme sind tote Anhängsel, die an meinen Schultern hängen. Ich habe Angst, dass ich, wenn ich mich auf einen von ihnen stütze, in eine Million Teile zerbreche.

Direkt vor mir sehe ich einen Jungen, der schrecklich blutet. Er ist von mehreren Schüssen in die Brust und die Beine getroffen worden. Seine Freunde kümmern sich um ihn, versuchen, die Blutungen durch Druck zu stoppen. Ich wende mich von der Szene ab, der Anblick des Blutes entsetzt mich. Seine Augen verdrehen sich immer wieder, während seine Freunde um sein Leben kämpfen.

„Mein Herz ... mein Herz tut weh", stöhnt er. Es hat den Anschein, als ob er sterben würde.

Und hinter jenem Polizeiwagen an jenem nicht enden wollenden Nachmittag sterbe auch ich.

Ich kann mich nicht mehr rühren und meine Gesichtshaut wird gefühllos. Ich schließe die Augen vor dem viel zu hellen Sonnenlicht und dem viel zu blutigen Anblick um mich herum. Hysterische Schreie brechen aus mir hervor, und ich versinke im Nichts. Ich habe kein Gefühl mehr, keine Empfindungen, kein Bewusstsein, kein Verständnis, keinen Realitätssinn. Da ist einfach nichts mehr.

Ich schalte ab, Gott. Ich kann nicht mehr.

Warum, Gott, warum?

Denn mein Plan für euch steht fest: Ich will euer Glück
und nicht euer Unglück. Ich habe im Sinn,
euch eine Zukunft zu schenken, wie ihr sie erhofft.

JEREMIA 29,11

Wenn es eine Frage gibt, die mich seit dem Massaker in der *Columbine High School* gequält hat, dann ist es die Frage: *Warum, Herr, warum?*

Für alle Betroffenen gab es an diesem Tag nichts als Fragen. Und elftausend Seiten Polizeibericht konnten später keine wirklichen Antworten liefern. Zumindest waren die Antworten nicht so umfassend, dass sie die Fragen nach dem Warum, die uns alle, die wir am Leben geblieben waren, quälte, hinreichend erklärten.

Minuten nachdem meine Freunde und ich aus dem Schulgebäude entkommen waren und uns hinter dem Polizeiwagen in Sicherheit gebracht hatten, begannen die Rettungskräfte damit, die Schüler aus der Gefahrenzone zu schaffen, zuerst die verletzten, danach die anderen. Soweit ich mich erinnere, war ich bei der dritten Fuhre dabei. Man brachte uns zu dem an die Schule angrenzenden Fußballfeld am Fuß eines Berges.

Die Fahrt war sehr holprig. In den Polizeitransporter waren so viele Schüler gepfercht, dass sich die Tür kaum schließen ließ. Meine große Angst war, das Auto könnte nicht sicher sein.

Ist dieses Auto kugelsicher?, fragte ich mich und versuchte krampfhaft, die Panik nicht wieder hochkommen zu lassen.

Ich konnte meine Hände nicht in meinen Schoß legen, sie waren wie gelähmt. Ich starrte sie an, als gehörten sie nicht zu mir, und ich fragte mich, was da mit meinem Körper passierte. Wir fuhren die leichte Anhöhe zum Fußballfeld hoch, und ich hätte schwören können, dass der Van zur Seite wegkippte. Als er schließlich mit knirschenden Reifen zum Stehen kam, flogen die Türen wie von selbst auf. Es kostete mich unglaubliche Mühe, die Beine aus dem Auto zu schwingen und mich aufzurichten. Ich hatte keine Ahnung, wie es weitergehen sollte.

Ich stand jetzt vor dem *Mount Columbine*, wie wir ihn nannten. Unzählige Male hatte ich schon hier trainiert, aber an diesem Nachmittag war es, als wäre ich noch nie hier gewesen. Irgendwie fühlte ich mich trotz der vielen Menschen um mich herum vollkommen allein. Selbst in meinem Schockzustand und meiner Orientierungslosigkeit dachte ich, wie seltsam, unheimlich und kalt die Stille war. Wolken schoben sich vor die Sonne und der Himmel verdüsterte sich. Ich blickte nach oben und klammerte mich, so gut es ging, an die Realität.

Was war gerade geschehen? Waren nicht nur wenige Minuten vergangen, seit ich wegen des Rauchs kaum Luft bekam, mich das Schrillen des Feueralarms erschreckte, mir die Kugeln um die Ohren flogen und mich die Angstschreie meiner Freunde quälten? Waren nicht Schüler unter dem Kugelhagel ihrer Mitschüler in Panik durcheinandergelaufen und übereinander gestolpert? Hatten uns nicht Lehrer Befehle zugebrüllt? Hatten die Mitglieder des Einsatzteams die Schule nicht unter Beschuss genommen? War nicht unter jenem blöden Tisch mein ganzes Leben an mir vorbeigezogen?

Im Augenblick wusste ich nur, dass alles still war. Und alles war verloren. Verzweifelt versuchte ich, das Ausmaß dessen, was gerade geschehen war, mit meinem Verstand zu erfassen.

Der Schutz war fort.

Ich hatte schreckliche Angst, allein zu sein, und drehte mich langsam auf der Stelle, drehte Kreise auf jenem Fußballfeld und unter dem fernen *Pop-pop-pop* des andauernden Geschützfeuers zog ich bei jeder Drehung den Kopf ein.

Das Lachen war fort.

Meine zitternden Lippen, feucht von den Tränen und taub vom Schock, würden bestimmt nie mehr lächeln.

Der Optimismus war fort.

Wer wollte in einer Welt leben, wo solche Katastrophen passierten? Eine positive Einstellung bewirkte nichts. Hoffnung war nur ein Hirngespinst – eine nutzlose Energieverschwendung.

Und für mich gab es ganz gewiss keine Zukunft mehr.

Wie sollte ich nach diesen Ereignissen noch weitermachen? Ich stand auf dem kleinen, mit Unkraut überwucherten Feld, isoliert und zitternd in meinen feuchten, blutbespritzten Kleidern, ohne irgendwelche Habseligkeiten, ohne einen Menschen an meiner Seite, und Gesellschaft leistete mir nur ein einziger Gedanke: *Mein Leben wird nie mehr dasselbe sein.*

Ein großes, schwarzes Mikrofon, das mir vors Gesicht gehalten wurde, riss mich aus meinen Gedankengängen und mein sich drehender Körper kam abrupt zum Stillstand. Die Schaumstoffkappe des Mikrofons bohrte sich beinahe in meinen Mund.

„Was ist geschehen?" Der Reporter, der anscheinend den Hügel heruntergerannt war, um ein Interview und einige Informationen zu bekommen, stand nur wenige Zentimeter von meinem Gesicht entfernt und schrie mich an, als könnte ich ihn sonst nicht verstehen. „Was ist geschehen? Erzähl mir, was du gesehen hast!"

Auf jenem von Unkraut überwucherten Feld vor der *Columbine High School* zwang ich mich, auf die Frage des Reporters, was geschehen sei, in Worte zu fassen, was ich erlebt hatte.

„Da sind Jungs mit Gewehren und sie erschießen meine Freunde!", platzte es aus mir heraus. „So viele, viele Menschen, man weiß es einfach nicht!"

Tränen liefen mir über das Gesicht, und mit der verschmierten Wimperntusche sah ich aus, als hätte ich einen Faustschlag auf beide Augen abbekommen. Schon lange wusste ich nicht mehr, wo meine Jacke geblieben war, und so trug ich nur mein Top und war blutig wie nach einem Krieg.

Auf einmal entdeckte ich Seth und Sara, die scheinbar wie aus dem Nichts auf mich zugerannt kamen. Seth schlug vor, wir sollten zu dem Möbelgeschäft seines Vaters laufen. Von dort könnte ich versuchen, meine Eltern anzurufen. Ich fühlte mich nicht in der Lage, zu gehen, zu denken, mich überhaupt zu bewegen. Der Schock machte sich in meinen Gliedern bemerkbar. Aber gestützt von meinen Freunden machte ich mich auf den Weg zu dem Möbelgeschäft, wo ich schließlich die Handynummer meines Vaters wählte.

Meine Hand war gefühllos, mein Blick wurde immer wieder neu durch die Tränen, die mir in die Augen traten, verschleiert, und so konnte ich die Zahlen auf der Tastatur kaum erkennen. Erst nach mehreren Anläufen kam ich durch, denn das Telefonnetz war überlastet.

„Crystal?", die Stimme meines Vaters brach. Er hatte im Radio bereits von der Schießerei gehört und war überglücklich, dass mit mir alles in Ordnung war. Sein Atem kam in kurzen Stößen – beinahe wie bei einem Schluckauf – während er versuchte, mich über den Lärm und das

Chaos im Hintergrund hinweg zu verstehen. „Bist du in Ordnung? Wo bist du, Schatz? Ich bin schon unterwegs … wo bist du?"

„Wo warst du?", brüllte ich ins Telefon. In meiner Verwirrung brach alle Verzweiflung aus mir heraus und meine Anschuldigungen trafen meinen Vater mitten ins Herz. „Warum hast du mich nicht beschützt? Warum hast du mich nicht gerettet? Wo warst du, als ich beinahe umgebracht worden wäre, Dad? Wo warst du!"

Ich ballte die Fäuste und schnappte nach Luft.

Es gelang ihm, mich so weit zu beruhigen, dass ich ihm sagte, wo wir uns aufhielten, und er machte sich sofort auf den Weg. Er kam dann auch irgendwann, aber mir kam es vor, als seien Stunden vergangen. Die Straßen in der Umgebung der Schule waren von Polizeiautos, Rettungskräften und den Eltern der Schüler verstopft, die alle zum Tatort eilten. Außerdem blockierten auch neugierige Gaffer die Straßen. Mein Vater musste sein Auto einige Straßen entfernt abstellen, um zu uns zu gelangen.

Endlich sah ich ihn über den Parkplatz rennen und schoss durch die Eingangstür des Geschäfts auf ihn zu. Mittlerweile hatte ich mein inneres Gleichgewicht wiedergefunden. Ich warf mich in seine Arme, und er drückte mich fest an sich. Noch nie bin ich von einem anderen menschlichen Wesen so fest gedrückt worden.

Immer wieder zog er mich an seine Brust und strich mir über die Haare, immer wieder und wieder.

„Es tut mir so leid, Schatz, ganz schrecklich leid", wiederholte er in einem fort. Tränen traten in seine Augen und seine Stimme zitterte vor Angst. „Es tut mir so leid, dass ich nicht da war. Es tut mir so leid."

Die Beamten am Tatort baten uns, in der Bezirksbibliothek am Ende der Straße eine Aussage zu machen, ein Vorgang von vielleicht fünfzehn Minuten, doch am Ende dauerte er zwei Stunden. Wann immer ein neues Gesicht in die Bibliothek kam, hob ich den Kopf, um zu sehen, wer es war. Erblickte ich einen Freund oder eine Freundin, sprang ich von meinem Stuhl auf, rannte zu ihm oder ihr hin und umarmte, wer auch immer da vor mir stand. Ich freute mich über jeden, der am Leben war, über jeden, dessen Leben verschont worden war. Außerdem konnte ich meine Hand noch nicht wieder richtig bewegen und somit nicht schreiben. Schließlich übernahm ein Freund das Schreiben für mich. Ich diktierte ihm, woran ich mich erinnerte.

Während unsere Aussagen zu Protokoll genommen wurden, stieg einer der Beamten immer wieder auf einen Stuhl und verlas mit lauter Stimme eine Liste mit Namen. Ich konnte nicht sagen, ob die Namen zu Menschen gehörten, die am Leben waren, oder zu Schülern, die getötet worden waren.

Immer wieder erzählte ich dem Beamten, dass einige Schüler nicht überlebt hätten – dass in diesem Augenblick Schüler tot im Schulgebäude lägen.

„Nein, Kleine, das stimmt nicht", antwortete dieser daraufhin. Sein Tonfall war so herablassend, dass es beinahe kränkend war.

Wollte er mir etwa einreden, ich hätte mir das alles nur eingebildet? Wollte er mir weismachen, dass ich vor nur wenigen Stunden *nicht* über die toten Körper meiner Mitschüler hinweggestiegen war? Niemand wollte auf mich hören! Hatte ich das Ganze vielleicht doch nur geträumt?

Seelsorger boten mir immer wieder Wasser an und versuchten mich zu beruhigen. „Trink einfach einen Schluck Wasser – danach wirst du dich besser fühlen" war ihr lapidarer Vorschlag.

Ihre Überheblichkeit hatte den gegenteiligen Effekt. Anstatt mich zu beruhigen, wurde ich immer wütender. Warum nur waren sie so ruhig und benahmen sich so dumm?

Mein Herz raste, meine Arme und Beine verkrampften sich, und mir wurde so übel, dass ich fürchtete, mich jeden Augenblick übergeben zu müssen. Das war mehr, als ich ertragen konnte.

Irgendwann am Abend des 20. April 1999 betrat ich wieder mein Elternhaus in *West Powers Circle*. Unglaublich, nur zwölf Stunden waren vergangen, seit ich zur Tür hinausgeflitzt und in der Schule angekommen war. Zu der Zeit hing der Physiktest noch wie ein Damoklesschwert über mir, und der eisige Wind biss an meinen nackten Zehen.

Ich lief durch den Flur ins Wohnzimmer und stellte beruhigt fest, dass alles noch beim Alten war. Nichts hatte sich verändert. Wie gewöhnlich war das Haus makellos sauber. Die hohen Fenster im Wohnzimmer waren noch von der heißen Sonne aufgeheizt, die in den Nachmittagsstunden immer hindurchflutete, und während ich auf das Licht zuging, hörte ich die schrille Stimme der Fernsehmoderatorin, die über Einzelheiten der Schießerei berichtete.

Sobald meine Mutter mich erblickte, stürzte sie auf mich zu. Auch wenn unsere Beziehung nicht die beste war, umarmte ich sie fest, und ich war dankbar für das unvergleichliche Gefühl der Liebe einer Mutter. Sie erzählte mir, sie hätte mich im Fernsehen gesehen, noch bevor sie die Nachricht erhalten hatte, dass ich unverletzt sei. Ich hätte mit tränenverschmiertem Gesicht von der Tragödie erzählt, die ich gerade erlebt hatte.

Erst jetzt blickte ich an mir hinunter und bemerkte meine blutverschmierte Kleidung. Sofort rannte ich nach oben in mein Zimmer, um mich umzuziehen. Ich wollte dieses T-Shirt und die Hose nie wiedersehen. Meine sparsame Mutter meinte, ich solle die Sachen in die Wäsche tun, sie würde sie waschen, aber ich wollte alles, was ich getragen hatte, wegwerfen, und zwar sofort.

Als ich nach dem Umziehen wieder herunterkam, wurde es lebendig bei uns. Freunde und Verwandte kamen vorbei, um sich nach mir zu erkundigen. Natürlich wollten sie auch mehr über das Massaker erfahren. Wir setzten uns alle auf die Couch und verfolgten die Berichterstattung im Fernsehen. Natürlich wollten wir alle erfahren, wie sich das Drama abgespielt hatte. Ich konnte nicht lange zusehen – jedes Bild, jedes Geräusch brachte wieder neu die Erinnerung zurück. Außerdem hatte ich den Eindruck, dass vieles dazugedichtet wurde, um die Situation noch mehr zu dramatisieren. Das machte mich wütend.

Eines allerdings erfuhr ich aus diesen Sendungen – in der Bibliothek, in der ich mich aufgehalten hatte, hatte es die meisten Todesopfer gegeben.

In diesem Augenblick traf mein Bruder Corey zu Hause ein. Er studierte in *Fort Collins* an der *Colorado State University*, anderthalb Autostunden entfernt. Als er von der Tragödie erfuhr, setzte er sich sofort ins Auto und kam nach Hause. Ich hörte ihn kommen und rannte nach draußen. Auf der Einfahrt, wo er mir Jahre zuvor das Basketballspielen beigebracht hatte, nahm er seine Schwester voller Inbrunst in den Arm – seine Schwester, die an diesem Tag noch einmal mit dem Leben davongekommen war.

Später am Abend rief der Redakteur von *Good Morning America* bei uns zu Hause an. Er wollte ein Interview mit einigen der Überlebenden machen, auch mit mir. Es sollte um 4 Uhr 30 am Morgen in *Clement Park* aufgezeichnet werden. Ich schaute auf die Uhr an der Mikrowelle. Es war 23 Uhr 34. Auf keinen Fall wollte ich ins Bett gehen, denn ich hatte Angst, das Grauen noch einmal neu zu durchleben. So legte ich den Kopf in den Schoß meiner Mutter und erzählte ihr die Geschichte immer und immer wieder, um mich wach zu halten.

Wenn ich dann doch kurz einnickte, fuhr ich sofort wieder aus dem Schlaf hoch, weil mich die Erinnerungen an das Geschehen, die Bomben, den Rauch, das teuflische Lachen, das Blut quälten. Meine Sinne waren belagert. Um 2 Uhr 30 schliefen Mom und ich tatsächlich eine halbe Stunde lang, bevor wir aufstanden, um uns für das Interview fertig zu machen.

Ich glaube, ich war ziemlich durcheinander und habe keine vollständigen Sätze auf die Reihe bekommen. Es fiel mir unglaublich schwer, meine Gedanken zu ordnen. Aber Gott würde meine Bereitschaft, vor einem breiten Publikum über meine Erlebnisse zu sprechen, gebrauchen. Die Tatsache, dass ich das schlimmste Schulmassaker in der amerikanischen Geschichte miterlebt hatte, würde mir zahllose Gelegenheiten bieten, ein Gefäß des Friedens und ein Leuchtfeuer der Hoffnung im Leben von anderen zu sein, die ähnlich gelitten hatten. Auch wenn ich mir das damals nicht wirklich vorstellen konnte, so war mein Interview an jenem Morgen im nationalen Fernsehen doch der erste Schritt zur Heilung.

Albträume

Doch unmittelbar nach den Ereignissen des 20. April 1999 empfand ich weder Frieden noch Hoffnung. Mehr als zwei Jahre lang wurde ich von Albträumen gequält, wann immer ich die Augen schloss. Im Schlaf hörte ich Schüsse, Bombenexplosionen, den schrillen Feueralarm; ich spürte, wie der Boden erbebte und mein Körper zitterte; ich schmeckte den bitteren Rauch und roch Blut und Tod. In meinem Geist wiederholte ich den Notruf der Lehrerin Wort für Wort und durchlebte jedes Mal neu die schrecklichen Ereignisse, hörte immer wieder die Schüsse, durch die meine Mitschüler ihr Leben verloren.

Wann immer ich nach einem solchen Albtraum aus dem Schlaf hochschreckte, war ich nass geschwitzt, mein Gesicht war tränenüberströmt und ich sehnte mich nach Frieden, nach Befreiung von dieser Horrorgeschichte, die jetzt mein Leben bestimmte.

Mehr als einmal träumte ich, dass ich versuchte, vor den Schüssen oder den Schützen davonzulaufen, doch ich schaffte es nie, meine Beine in Bewegung zu setzen. Alle anderen in meinem Traum konnten sich bewegen, konnten rennen, aber ich war wie gelähmt, meine Füße waren schwer wie Blei. Alle anderen in dem Traum fanden ein gutes Versteck, sie konnten irgendwo Zuflucht suchen vor dem Wahnsinn, aber ich nicht. Ich fühlte mich ausgesetzt und verletzlich. Vollkommen wehrlos.

Später erfuhr ich, dass nur unter dem Tisch, unter dem Seth, Sara und ich Schutz gesucht hatten, kein einziger Schüler verletzt wurde. Die etwa ein Dutzend anderen Tische, unter denen cirka dreiundvierzig Schüler in Deckung gegangen waren, konnten sie nicht ausreichend vor Dylan und Eric schützen. Mindestens ein Schüler unter jedem dieser Tische wurde verwundet oder aus kürzester Entfernung getötet. Insgesamt verloren dreizehn Schüler ihr Leben, zusammen mit den beiden Mördern, die Selbstmord begingen.

Zu den Getöteten gehörten:

Matthew Kechter, ein toller Footballspieler und ein hervorragender Schüler mit den besten Zensuren, außerdem war er an der Schule wegen seines Humors und seinem freundlichen Lächeln sehr beliebt – Eigenschaften, die ich jeden Tag beim gemeinsamen Spanischunterricht habe erleben können.

Corey DePooter, der mit Leib und Seele Sportler war und nach der Schule zu den Marines wollte. Mit mir unterhielt er sich gern über das Fliegenfischen, eines meiner Hobbys, das mir mein Dad beigebracht hat.

Der fünfzehnjährige Daniel Mauser, der begeistertes Mitglied des Französischklubs von *Columbine* war.

Kelly Fleming, ein Dichter und Komponist.

Der vierzehnjährige Steven Curnow, der Fußball liebte und bereits davon überzeugt war, eines Tages ein herausragender Kampfflieger zu sein.

Der fünfzehnjährige Daniel Rohrbough wurde erschossen, als er einen der Notausgänge für die flüchtenden Schüler aufhielt. Diese Geste passte zu ihm, denn er war bekannt für seine Selbstlosigkeit und Rücksichtnahme.

Rachel Scott war Christin und ironischerweise für ihr Mitgefühl allen Außenseitern gegenüber bekannt – zu denen die Schützen ja auch gehörten.

John Tomlin, ein gläubiger Christ. Im vergangenen Sommer hatte er in Mexiko Hütten für die Armen gebaut. Nach seinem Schulabschluss wollte er in die Army eintreten.

Kyle Velasquez mit dem Spitznamen „sanfter Riese", weil er trotz seiner Größe ungewöhnlich sanft war.

Der achtzehnjährige Isaiah Shoels, der trotz seiner beiden Herzoperationen während seiner Kindheit die Kraft hatte, für *Columbine* Football zu spielen.

Lauren Townsend, die sich sehr für die Natur interessierte und die Mannschaftsführerin unseres Volleyballteams war.

Außerdem starb Coach Sanders, der Kinder, Enkelkinder und nach fünfundzwanzig Jahren Unterricht an der *Columbine* Hunderte von Schülern hinterließ, die ihn liebten.

Und natürlich war da noch Cassie.

Es gibt unterschiedliche Aussagen über die genauen Umstände, die zum Tod von Cassie Bernall führten, aber an jenem Morgen in der Bibliothek wurde meine Freundin nur vier Tische von mir entfernt sinnlos erschossen.

Einer der Schützen fragte sie, ob sie an Gott glaube, und sie sagte: „Ja."

In den Sekunden vor ihrem Tod stand sie für ihren Glauben ein. In den Jahren danach habe ich mich oft gefragt, wie ich in einer solchen Situation reagiert hätte.

Aber Cassies Tod ist wohl kaum das Wichtigste an ihrer Geschichte. Was mich an Cassie erstaunt hat, war ihr *Leben*. Cassie war ein Sonnenstrahl voller Wärme und Energie für alle, die sie kannten. Sie wollte das Leben auskosten, jede Sekunde, jeden Tag, den sie am Leben war. Ihr Vermächtnis existierte schon lange vor ihrem Tod – ein Vermächtnis, das ich gern hinterlassen würde, obwohl mein Lebensstil damals weit davon entfernt war.

Cassie war nicht immer so gewesen. Ihre Mutter erzählt in einem Buch mit dem Titel *Cassie – Sie sagte Ja* von den Kämpfen mit ihrer Tochter. Sie berichtet von ihren Exzessen in Bezug auf das Rauchen, Trinken und von ihrem Abgleiten in den Okkultismus. Doch 2 Jahre zuvor änderte sie ihr Leben radikal. Sie gab alles auf, um Christus nachzufolgen.

Doch in den Bereichen, in denen Cassie fest gegründet stand – in ihrem Glauben und ihrer Liebe zum Leben –, war ich damals nicht so stark. An fast jedem Freitagabend war ich beschwipst, wenn nicht gar betrunken. Bei der einen oder anderen Party ertränkte ich meinen Frust darüber, dass ich ein Teenager war, in einem Glas Wodka mit Cola. Cassie hatte diese Art zu leben überwunden – ich hatte das zu jener Zeit noch nicht und irgendwie hat mir ihr Tod klargemacht, worum es im Leben wirklich geht.

In den Tagen nach dem 20. April konnte ich mich mit Cassies Tod nicht abfinden. Warum war ich nicht an ihrer Stelle gestorben? Was dachte sich Gott dabei? Wie sollte ich mit der Tatsache leben, dass sie ihr Leben verloren hatte, während ich überlebt hatte? Schließlich war sie doch diejenige, die mit Gott lebte. Ich war zornig und wütend und quälte mich mit meinen Schuldgefühlen, die mich tiefer in meine Isolation trieben. Ich zog mich sogar von den Menschen zurück, die ich liebte.

Wochenlang suchte ich nur die Gesellschaft meiner Freunde, mit denen ich in der Bibliothek zusammen gewesen war, oder von anderen Menschen, die genau verstanden, was ich durchgemacht hatte. Ich war häufig bei den Bernalls, Cassies Eltern und ihrem Bruder, zu Gast. Dort war ich immer willkommen. Ich gehörte dazu. Sie verstanden mich, hörten mir zu und begegneten mir mit Liebe. Es war mir wichtig, mit Menschen zusammen zu sein, die denselben Albtraum erlebt hatten wie ich.

Nie werde ich vergessen, wie ich eines Tages, lange nach dem Massaker, in Cassies Zimmer gegangen bin. Ihre Mutter hatte es endlich wieder aufgeschlossen und engen Freunden und Familienmitgliedern erlaubt, sich anzuschauen, was sie an dem Tag zurückgelassen hatte, an dem sie das letzte Mal ihr Elternhaus verließ. Am Spiegel hingen ihre mit Bleistift geschriebenen Merkzettel, ihre Tennisschuhe und Sportsachen lagen auf dem Fußboden verstreut. Es war irgendwie unwirklich, alle diese Zeichen von Leben zu sehen im Zimmer eines Menschen, der nicht mehr am Leben war.

Ein wandelnder, sprechender Widerspruch

In jener Zeit wünschte ich mir oft, ich wäre ebenfalls getötet worden, damit ich diesen unerträglichen Schmerz des Weiterlebens nicht ertragen müsste. In den Minuten, Tagen, Wochen und Monaten nach dem Massaker quälte mich die Frage: *Warum, Gott, warum?* Im Laufe der Zeit lernte ich die Verwirrung und die Sinnlosigkeit zu hassen. Mein Leben war in seinen Grundfesten erschüttert. Ich war von den schrecklichen Erinnerungen, den Fragen, auf die es keine Antworten gab, und dem nie enden wollenden Chaos um mich herum wie gelähmt, und es schien kein Ende in Sicht. Aber dann wieder war ich auch überglücklich, dass ich an jenem Tag in der Bibliothek mit dem Leben davongekommen war, dass mein Körper unversehrt geblieben war. Es war, als hätte ich mich in einen umhergehenden und sprechenden Widerspruch verwandelt.

Manchmal wünschte ich mir verzweifelt Aufmerksamkeit und Fürsorge, dann wieder bekam ich einen Wutanfall, wenn mir jemand eine gut gemeinte Frage stellte, um mir seine Anteilnahme zu zeigen, meinen Schmerz zu lindern. Ich starb einen langsamen Tod, und das Schlimmste war, dass ich auch noch selbst dabei zusah. Ich hatte schreckliche Angst, allein zu sein, doch ich konnte die Anwesenheit anderer kaum ertragen. Ich fühlte mich isoliert, kalt und leer, aber ich wollte mich nicht umarmen und küssen lassen und konnte es kaum ertragen, wenn jemand meine Hand drückte.

Ich befand mich in einer kritischen Auseinandersetzung mit meinem Glauben an Gott und quälte mich mit Schuldgefühlen, weil ich mich einigen der Jugendlichen gegenüber, die an jenem Tag ihr Leben verloren hatten, nicht liebevoller und mitfühlender verhalten hatte. Irgendwie war ich stolz auf mich, weil ich jenen Tag überlebt hatte, aber mich bedrückte die Tatsache, dass ich, als sich die Tragödie ereignete, vollkommen die Nerven verloren hatte, anstatt diese Situation vertrauensvoll zu meistern.

Ich hatte das Gefühl, dass meine Trauer berechtigt war, und wurde zornig, wenn andere nicht in ihrem Leben innehielten, um mit mir zu trauern. Ich tröstete mich, indem ich mir vorhielt, was für eine gute Freundin ich den Menschen war, denen ich nahestand, doch immer wieder quälte mich das Bild, wie ich bei jenem Streifenwagen vor meinem verletzten, sterbenden Klassenkameraden davongerannt war – nur weil ich kein Blut sehen konnte.

Mich quälte die Erinnerung an den Klassenkameraden, der neben mir auf dem Rasen lag, durch den Schock bewegungsunfähig, der uns, die wir in seiner Nähe hockten, anflehte, seine Blutungen zu stoppen. Meine Mitschüler hatten ihre Kleidung zerrissen, um die großen Mengen Blut aufzusaugen, die aus seiner Wunde sickerten. Ich hatte das Stück von einem T-Shirt angestarrt, das mir jemand zugeworfen hatte, es aber nicht angefasst.

Ich habe ihm nicht geholfen aus Angst, mir meine Kleidung zu verderben oder mich bei ihm mit einer seltenen Blutkrankheit anzustecken. Unter jenem Tisch in der Bibliothek konzentrierte ich mich nur auf das, was im Leben wirklich zählte. Doch auf dem Rücksitz des Streifenwagens, der mich vom Schauplatz des Massakers fortbrachte, geriet ich in Panik, weil ich meine Sandalen, meine Uhr und meine Ohrringe verloren hatte.

Was bist du nur für ein Mensch, dass du solch selbstsüchtiger Gedanken fähig bist? Ein wandelndes, sprechendes Paradoxon. Das war aus mir geworden?

Während jener Tage der Widersprüchlichkeiten war der Himmel verhangen, und dichte Schneeflocken und Eisregen fielen aus den dunklen Wolken. Sehr passend angesichts des Sturms, der in meinem trauernden Herzen wütete.

Natürlich hatte ich nicht wirklich sterben wollen. Mir war klar, dass ich noch mit den Nachwirkungen der Tragödie von *Columbine* zu kämpfen hatte. Aber einen so großen Schmerz verarbeiten zu müssen, das war für mich ganz neu. Und die Suche nach einem Weg für meine Zukunft war die größte Herausforderung meines Lebens.

Zurück zur Normalität?

Nur zehn Tage nach dem Amoklauf wurde der Schulunterricht wieder aufgenommen, doch mir kam es so vor, als sei ein Monat vergangen. Wir Schüler der *Columbine* wurden in unserer Nachbarschule, der *Chatfield Senior High*, unterrichtet. Die Kurse der Schüler von *Chatfield* waren morgens, unsere am Spätnachmittag und am frühen Abend. Die Lehrer und Eltern waren sicher froh, dass wir alle wieder zur Normalität zurückkehrten, aber ich zumindest wollte mich nicht von meinem Schmerz, der Furcht und dem Zorn lösen.

Ich konnte meine Gefühle nicht erklären.

„Vertraue Gott; vertraue Jesus", rieten mir alle. Und ich betete. Aber die Wahrheit war, nichts konnte die Leere in mir füllen. Die Kirche nicht. Anbetungslieder nicht, meine Freunde nicht, meine Familie nicht. Auch nicht die Fotos und Zeitungsberichte und andere wohlgemeinte Erinnerungsstücke.

Ich suchte nach etwas, das ich einfach nicht finden konnte. Für mich glich das Leben einer immer länger werdenden Liste von Warums, die alle an diesen großen Gott gerichtet waren, der eigentlich als liebevoll galt, der uns in der *Columbine* aber anscheinend vergessen hatte.

Eines wusste ich mit Sicherheit: So bald würde ich keine Beerdigung mehr besuchen; falls ich jemals wieder aus dem Bett aufstehen würde, wäre das ein Wunder, und falls ich jemals noch einmal einen Teddybär oder eine dumme Blume anfassen würde, dann käme das einer Kapitulation gleich. Der Schmerz war zu groß. Die Realität meiner Welt war zu überwältigend.

Im Laufe der Zeit gewann ich ein wenig Abstand zu der Tragödie und ich machte kleine Fortschritte. Aber nur Nanosekunden später wurde ich wieder von einem großen

Felsbrocken des Leides am Kopf getroffen. Die Nachwirkungen dieses Erlebnisses schienen einfach nicht nachzu-
lassen. Das Trauma hatte mich so fest im Griff, dass ich kein
Gefühl mehr für die Normalität hatte.

Drei Schritte vor, zwei zurück

Wir können den Sonnenaufgang nicht beschleunigen,
wie rastlos wir auch hin und her laufen oder
wie ungeduldig wir auf die Uhr starren.
Und so ist die Frage nicht, ob wir warten oder nicht warten,
weil wir nichts anderes tun können, als zu warten.
Die Frage ist, wie warten wir? Warten wir gut ...
oder warten wir schlecht?

KEN GIRE, THE NORTH FACE OF GOD

Im Herbst 1999 versuchten wir alle an der *Columbine High*
ganz bewusst zur Normalität zurückzukehren. Wir glaubten, es sei unser Recht, „unsere Schule wieder in Besitz zu
nehmen" und dort den Unterricht zu besuchen, als hätten
nicht vier Monate zuvor in diesem Gebäude Menschen ihr
Leben verloren. Am ersten Schultag drängten sich Lehrer,
Eltern und Vertreter der Stadtverwaltung neben den
Wegen von den Parkplätzen zur Cafeteria, schwenkten
Fähnchen und applaudierten, als die Schüler in ihre geliebten *Rebel Halls* einzogen. In der Cafeteria hing ein riesiges
Plakat mit der Aufschrift: „Durch diese Flure laufen die
tollsten Kinder Amerikas, die Schüler der *Columbine High
School*!"

Sicherheitsbeamte waren nicht vor Ort, es schienen auch
keine Alarmanlagen zur Abwehr möglicher Gewaltausbrü-

che installiert worden zu sein. Die Lehrer stürzten sich sofort wieder in die Arbeit und gaben uns jede Menge Hausaufgaben auf. Vermutlich dachten sie, die übliche Routine würde uns guttun.

In meinem Abschlussjahr arbeitete ich in der Schülerberatung mit und erlebte aus erster Hand, welche Auswirkungen dieses traumatische Erlebnis immer noch auf meine Klassenkameraden hatte. Zu meiner Aufgabe gehörte es, Jugendliche zu beraten, die in ihrem Leben mit ernsthaften Problemen zu kämpfen hatten, von schwierigen Beziehungen bis hin zu Missbrauch und Selbstmordabsichten. Das Problem war nur, mir ging es ja selbst noch nicht wieder gut.

In diesem Jahr schien es keine kontinuierliche Entwicklung zum Besseren zu geben. Mal ging es ein paar Schritte vorwärts und dann – W*am!* – mussten wir erneut einen Rückschlag hinnehmen. In den dreizehn Monaten nach dem Amoklauf geschahen in unserer „sicheren und unschuldigen" Stadt *Littleton* in Colorado eine ganze Reihe von Tragödien. Weniger als zwei Kilometer von *Columbine* entfernt wurde ein Baby im Abfallcontainer eines Einzelhandelsgeschäfts gefunden – es war von der eigenen Mutter in die stinkende Mülltonne geworfen und einem grausamen Tod preisgegeben worden. Kurz darauf endete eine wilde Verfolgungsjagd mit einer Schießerei vor dem *Burger King* im Ort. Und schließlich wurden zwei Schulanfänger der *Columbine High*, die miteinander befreundet waren, in einem Imbiss, in dem sie jobbten, ermordet aufgefunden.

Für diejenigen, die das Massaker an der *Columbine* miterlebt hatten, war der Albtraum noch nicht vorbei. Die Mutter von Anne-Marie Hochhalter, eine der Schülerinnen, die aufgrund einer Schussverletzung irreversibel gelähmt war, steckte am Morgen des 22. Oktobers 1999 mehrere Kugeln in die Tasche ihrer Jeansjacke und suchte die Pfandleihe in der Stadt auf. Dort kaufte sie eine Pistole, lud sie mit ihren Kugeln und tötete sich mit einem Kopfschuss. Ihre hübsche Tochter Anne-Marie blieb allein in ihrem Rollstuhl zurück, weil ihre Mutter den Schmerz einfach nicht mehr aushalten konnte.

Anne-Marie erklärte später, ihre Mutter hätte aus Liebe zu ihr Selbstmord begangen, so seltsam das auch klingen mochte. Sie wollte ihre Tochter, die sich schon mit ihrer Lähmung abfinden müsse, davor bewahren, auch noch für ihre depressive Mutter zu sorgen.

Sieben Monate später beging ein Basketballspieler an unserer Schule Selbstmord. Greg Barnes, ein Junge, den fast alle kannten und der unter den Basketballspielern ein Star war. Ein Jahr zuvor hatte er mitansehen müssen, wie der bei allen beliebte Lehrer und Trainer Dave Sanders vor seinen Augen verblutete. Coach Sanders war von einem der Schützen erschossen worden, als er eine Gruppe Schüler, die in Panik geraten waren, von der Schule wegführte, um sie in Sicherheit zu bringen. Greg fühlte sich mit seinem Leben einfach überfordert und erhängte sich in der Garage seiner Eltern. Sein Vater fand ihn später am Vormittag.

Ich konnte nicht alles verstehen, was passiert war; ich konnte nicht begreifen, warum ich noch am Leben war; ich konnte mich mit meiner Realität nicht abfinden. Kinder aus verschiedenen Staaten drückten in Briefen und Karten ihre Traurigkeit darüber aus, was in *Columbine* geschehen war. Den Brief der siebenjährigen Chelsea habe ich aufbewahrt. Darin schreibt sie: „An die *Columbine High School*. Es tut mir leid. Das war bestimmt schrecklich."

Seltsamerweise bedeuteten mir ihre einfachen Worte sehr viel mehr als die großen Worte von den vielen Menschen, die eine Erklärung für die Geschehnisse finden wollten.

Die Wahrheit war, es gab keine Erklärung für das Geschehene. Es war so sinnlos und würde vermutlich auch nie zu erklären sein. Ich war vollkommen aus der Bahn geworfen und konnte nicht begreifen, wie sehr sich mein Leben verändert hatte. In regelmäßigen Abständen sagte ich Gott, ich wüsste nicht, ob ich ihm je wieder vertrauen könne. Doch im gleichen Atemzug schrie ich zu ihm wie ein kleines, verängstigtes Kind, weil ich Zweifel hatte, ob mir jemand helfen konnte, einen Grund zum Weiterleben zu finden.

„Wie geht es dir *wirklich*, Crystal?"

Die Autorin Anne Lamott beschreibt in ihrem anrührenden Buch *Travelling Mercies* ihren Kampf gegen eine Essstörung. Nachdem sie langsam in eine immer tiefere Verzweiflung versank, suchte sie nach einem Zusammenbruch Hilfe bei einer Spezialistin. Launenhaft und skeptisch, wie sie war, hielt sie nicht viel von dem Rat der Spezialistin. Sie hatte zum Beispiel den Vorschlag gemacht, Anne solle unmittelbar nach dem Verzehr einer Mahlzeit eine Freundin anrufen, um einfach ein wenig Zeit verstreichen zu lassen zwischen der Mahlzeit und Annes Angewohnheit, alles, was sie gegessen hatte, wieder zu erbrechen.

Bei einer Therapiesitzung mehrere Wochen nach Beginn der Behandlung verlief das Gespräch recht hitzig. Es war eine unterschwellige Feindseligkeit zu spüren.

„Was haben Sie zum Frühstück gegessen?", begann Rita.
„Cornflakes natürlich."
„Und hatten Sie Hunger, als Sie gefrühstückt haben?"
„Was meinen Sie damit?"
„Ich meine, verspürten Sie ein Hungergefühl, und haben Sie sich dann Frühstück gemacht?"
„Ich verstehe Ihre Frage nicht richtig."

„Lassen Sie es mich anders formulieren. Warum haben Sie gefrühstückt?"

„Oh, ich verstehe. Ich habe gefrühstückt, weil Frühstückszeit war."

„Aber hatten Sie Hunger?"

„Ist das eine Fangfrage?"

Sich angemessene Ernährungsgewohnheiten anzutrainieren, fiel Anne Lamott unglaublich schwer. Sie beschreibt die erste Woche, in der sie die Aufgabe hatte, *nur* zu essen, wenn sie hungrig war, folgendermaßen:

Meine Aufgabe bestand darin, darauf zu achten, wie es sich anfühlte, wenn ich Hunger hatte. Das war mir so fremd. Ich fühlte mich wieder ins Kleinkindalter zurückversetzt. Ich lief herum und sah nach unten, als wollte ich in meinen Magen hineinschauen, als wäre ich eine Waschmaschine mit einem Guckloch in der Tür, durch das man beobachten kann, wie die Wäsche in dem Seifenwasser geschwenkt wird. Und ich achtete darauf, bis ich in der Lage war, dieses Gefühl in meinem Magen zu erkennen, ein stechendes Gefühl der Leere, als würde eine Ratte an einer Tür kratzen und darauf warten, hereingelassen zu werden.[1]

Hast du wirklich Hunger? Diese Frage bestimmte in den Monaten, in denen sie Befreiung von der Sklaverei der Bulimie suchte, Annes Existenz. Und ich konnte das gut verstehen, wenn auch in anderer Hinsicht.

„Wie geht es dir *wirklich*, Crystal?", wurde ich in den Tagen und Wochen nach *Columbine* ständig gefragt. Schon bald wurde mir klar, dass die Frage nur eine freundlichere und sanftere Formulierung der Frage war: „Geht es dir denn immer noch nicht besser?"

In dem Ausdruck der Fürsorge schwang gleichzeitig ein

Hauch von Vorwurf mit. Und auch wenn die Frage meiner Mitmenschen von dem Wunsch bestimmt war, dass ich wieder zu der Crystal werde, die sie kannten und liebten, so war ich noch nicht bereit – würde ich jemals dazu bereit sein? – mich zu beobachten, wie Anne ihren Magen beobachtet hatte, und mich zu fragen: „Ja, aber geht es mir wirklich besser?" Denn die Antwort, die mein Herz mit Sicherheit geben würde, ließ mich erschaudern.

Tagelang hielt mich die Verzweiflung so fest im Griff, dass ich keinen Bissen herunterbekam. Der Schmerz war einfach zu groß. Schließlich zwangen mich meine Freunde, dünne Pfefferminzkekse zu essen, einen nach dem anderen. Das schien das Einzige zu sein, was ich hinunterwürgen konnte.

Während der drei Monate, in denen die Fenster der Schulbibliothek vernagelt, die blutbespritzten Teppiche aufgerollt waren und die Trauergottesdienste abgehalten wurden, wünschte ich mir nichts sehnlicher, als mich einfach in nichts aufzulösen. Die Frage „Wie geht es dir?", die mir täglich und manchmal sogar mehrmals in der Stunde gestellt wurde, ging mir entsetzlich auf die Nerven.

Um zu lernen, mich selbst zu heilen – so wie Anne Lamott lernen musste, sich selbst zu ernähren –, brauchte ich Mut, Kraft und Entschlossenheit, und all das fehlte mir damals. Außerdem wusste ich ganz tief in meinem Inneren, dass die Heilung letztlich sowieso nicht von mir, sondern von Gott kommen würde. War ich, nachdem ich so lange nach meinem eigenen Rhythmus getanzt hatte, endlich bereit, mich ihm zu stellen?

Ängste der Kindheit

Ich glaube nicht, dass kleine Kinder Dysfunktionen im Leben ihrer Eltern als solche erkennen können. Sie kennen kein anderes Familienleben. So war das auch bei meinem Bruder und mir – gab es überhaupt so etwas wie *normal*? Erst in meinen frühen Teenagerjahren nahm ich bestimmte Dinge wahr.

Eine Zeit lang war meine Mutter für die Öffentlichkeitsarbeit eines Textilgroßhandels zuständig, der Restaurants und Hotels mit Tischwäsche belieferte. Ihre Aufgabe war es, mit den Kunden aus dem Raum *Denver* Kontakt zu halten. Sie war berufstätig, aber wenn mein Bruder und ich aus der Schule nach Hause kamen, war sie meistens wieder da. Den Spätnachmittag und Abend verbrachte unsere Mutter in der Küche mit der Vorbereitung eines leckeren Essens, das wir hinunterschlangen, bevor wir uns in unsere Zimmer zurückzogen. Doch irgendwann fiel mir auf, dass sie immer ein volles Glas Wein in der Hand hielt, und auch der Kühlschrank war immer mit einem guten Weinvorrat bestückt.

Als ich kleiner war, erklärte ich mir das so, dass sie eben langsam trank. Woher sollte ich auch wissen, dass da etwas nicht stimmte? Unser Haus war immer tipptopp in Ordnung. Sie war eine tolle Köchin – immer durchzogen herrliche Düfte aus der Küche unser Haus. Und natürlich sorgte sie für unsere Familie. Aber wenn ich zurückdenke, fällt mir auf, dass sie selten etwas anderes als Wein getrunken hat. Je mehr der Alkohol zu ihrem ständigen Begleiter wurde, desto mehr entfernte ich mich von ihr, und die Atmosphäre in unserem Hause wurde zunehmend feindselig und angespannt.

Mein Vater, der sich sicherlich über die Alkoholabhängigkeit meiner Mutter geärgert hat, hatte selbst auch Probleme mit dem Alkohol. Ich erinnere mich, dass ich jahrelang gedacht habe, er sei abends einfach sehr müde. Immerhin besaß er einen eigenen Gartenbaubetrieb und arbeitete häufig zwölf Stunden in der heißen Sonne, bevor er dann bei uns noch Haushaltspflichten oder Gartenarbeiten erledigte. Wenn ich ihn abends sah, war er fix und fertig.

Erst später erfuhr ich, dass er seine Alkoholeskapaden jeden Abend auf dem Heimweg von der Arbeit plante. Da er wusste, dass es zu Hause mit meiner Mutter Streit geben würde, überlegte er, wie viel Whisky er brauchte, um einer Auseinandersetzung mit ihr zu entgehen. Jeden Abend war er bereits um zehn Uhr auf einem unserer Sofas im Wohnzimmer eingeschlafen und schnarchte wie ein Bär. Doch obwohl er sich bei vielen Gelegenheiten vom Familienleben ausklinkte, wusste ich immer, dass wir ihm nicht egal waren. Seine Liebe zu mir war real. Und ganz bestimmt war ich „Papas Mädchen".

Sicher haben meine Eltern auch schöne Augenblicke erlebt, aber ich kann mich nicht erinnern, jemals miterlebt zu haben, dass sie Zärtlichkeiten austauschten. Für mich hatte es immer den Anschein, als lebten sie einfach nur unter demselben Dach – von Liebe war nichts zu spüren.

Als ich etwa zehn oder zwölf war, hatte sich ein bestimmtes Verhaltensmuster in unserem Heim eingespielt: Bei Einbruch der Dunkelheit wurden die Stimmen unserer Eltern lauter. Ich erinnere mich, dass ich manchmal abends gerne einschlafen wollte, es aber nicht konnte, weil sie so laut miteinander gestritten haben. Sie haben es nie erfahren, aber ich schrie manchmal auch, so laut ich konnte, damit sie aufhörten. Natürlich haben sie mich nie gehört und auch ihren Streit nicht beendet.

Erst als ich aufs College ging, trennten sich meine Eltern schließlich. Ihre Scheidung wurde drei Jahre später rechtskräftig.

Ich kann nicht mehr so genau sagen, wann ich selbst mit

dem Trinken anfing, aber ich weiß, dass der Alkohol zu Beginn meiner Highschoolzeit seine Fänge nach mir ausstreckte und mich nicht mehr losließ. In der achten Klasse habe ich Jesus gebeten, in mein Leben zu kommen. Und ich denke, es war mir damals wirklich ernst damit. Ich erinnere mich, im Haus meiner Großmutter mütterlicherseits – mein Bruder, meine Cousins und ich nannten sie immer Gam – gekniet und aufmerksam zugehört zu haben, wie sie beschrieb, was es bedeutete, Christ zu sein. Das war ihr sehr wichtig, und ich sehnte mich nach dem Frieden und der Beständigkeit, die ich bei ihr spürte.

Sie war alles andere als vollkommen, aber sie war der liebevollste und fürsorglichste Mensch, den ich je kennengelernt habe. Ich wollte Gott so kennenlernen, wie sie ihn kannte, und darum ging ich regelmäßig zur Kirche und suchte die persönliche Beziehung zu Jesus, in der Gam so viel Freude und Frieden fand.

Im ersten Jahr an der Highschool jedoch wurde mein Dilemma immer größer. Auf der einen Seite hielt ich an meinem Entschluss, Jesus nachzufolgen, fest, aber auf der anderen Seite wuchs in mir die Sehnsucht nach dem, was die Welt zu bieten hatte. Und in kürzester Zeit war ich dann bereit zu tun, was immer nötig war, um so beliebt, angesehen und cool zu werden wie die anderen an meiner Schule.

Relativ schnell erkannte ich, dass der schnelle Weg zu Ansehen und Beliebtheit der Besuch der Wochenendpartys war. Die Jungs nahmen nur von den Mädchen Notiz, die bei den Partys mitfeierten, und so kam ich zu dem Schluss, dass ich nur zu den beliebten Schülern gehören konnte, wenn ich mich an jedem Wochenende zeigte, ohne Ausnahme. Ich sah die Mädchen, die bei den Jungs an meiner Schule gut ankamen – sie waren ausnahmslos hochmodisch gekleidet, erfolgreich und hübsch – zumindest nach meinem damaligen Schönheitsbegriff. Ich sehnte mich so sehr danach, mit ihnen befreundet zu sein. Ich wünschte mir das Leben, das sie führten – ein Leben, das mir viel besser erschien als mein eigenes.

Ich erinnere mich noch an meine erste Party in der Highschool. Das Mädchen, das mich eingeladen hatte, gehörte zu meiner Jugendgruppe in der Kirche und ich dachte mir nichts dabei, als ich zusagte.

Ich gehe zur Party und erzähle allen von Jesus, redete ich mir ein. *Ich werde ein gutes Zeugnis für ihn sein – auch wenn alle so betrunken sind, dass sie kein Wort verstehen von dem, was ich sage.*

Ich dachte wirklich, die Partyszene hätte keinen Einfluss auf meinen Glauben. Ich hätte es besser wissen müssen.

Es war nicht so, dass ich einen guten Einfluss ausübte, vielmehr wurde ich von meiner neuen Umgebung beeinflusst – zum Schlechten. Als es anfing, mit mir bergab zu gehen, war mir die Meinung der Leute noch sehr wichtig, zum Beispiel meines Sporttrainers oder meiner Freunde. Und vor allem die Meinung meines Vaters. Ich war sehr stark von der Meinung anderer abhängig und wollte jedem gefallen, das war mir klar.

Und so begann meine gefährliche Gratwanderung. Ich betrank mich, aber sehr „vorsichtig". Die Tatsache, dass ich so großen Wert darauf legte, was andere über mich dachten, bewahrte mich vermutlich bei mehr als einer Gelegenheit davor, kopfüber von dem Grat der Vernunft abzustürzen. Der Gedanke, ich könnte mich vor all diesen „wichtigen" Leuten blamieren, war ein Horror für mich.

Ich trank also bei jeder Party „nur einen". Ich hatte den Eindruck, dass ich, wenn ich Alkohol getrunken hatte, lustiger und offener wurde. Ich verlor meine Hemmungen, denn ich war von Natur aus ziemlich schüchtern. Der Alkohol machte mich locker. Endlich konnte ich mit anderen zusammen sein, ohne mir blöd vorzukommen.

Im Laufe der Zeit verdrängten die Verlockungen der Partyszene meine gesunde Angst in Bezug auf die Meinung der anderen. An jedem Wochenende wurde aus einem Drink auf einer Party mehrere Drinks auf mehreren Partys. Aber ich redete mir die Dinge schön, sagte mir, ich würde ja schließlich mit den Mädchen feiern, mit denen ich auch Sport trieb. (Wenn ich Schwierigkeiten bekäme, würden sie wenigstens mit mir untergehen.)

Als ich in die vorletzte Klasse der Highschool kam, konnte ich mit Leichtigkeit eine ganze Flasche Alkohol kippen, Wodka, Rum, was auch immer, mit Cola oder Saft gemischt.

Meine Alkoholexzesse eskalierten noch mehr. Meine Freundinnen und ich konsumierten schon vor den Partys ein paar Flaschen Alkohol und verließen bereits angetrunken das Haus. Um das zu bezahlen, sparte ich während der Woche das Geld, das mir mein Vater für das Mittagessen gab – immer ein paar Dollar pro Tag –, und am Ende der Woche bat ich eine Freundin, den Alkohol für uns zu besorgen. Wodka wurde mein Lieblingsgetränk, weil er so leicht zu verstecken war – wir mischten ihn mit Saft und füllten ihn in eine Saftflasche oder was auch immer, und es sah aus wie ein ganz normales Getränk.

Während dieser Zeit verhielt ich mich in höchstem Maße unvernünftig. Ich fuhr in volltrunkenem Zustand Auto (ich rechtfertigte das vor mir, indem ich mir einredete, betrunken sei ich viel wacher als nüchtern). Ich betrank mich am Abend, wenn wir frühmorgens Sporttraining hatten. Einmal sprang ich aus einem fahrenden Wagen, weil ich das lustig fand. Und all das, nur um „cool" zu sein. Aber bis heute glaube ich, dass ich jedes Mal, wenn ich nach Hause kam, hoffte, ich würde erwischt, damit ich von meinem „coolen" Leben gerettet würde.

In der Durchschnittlichkeit gefangen

Der Alkohol half mir, meine Probleme zu vergessen – genau wie meine Eltern es mir vorgelebt hatten. Die „schwierigen Dinge" meines Teenagerlebens – eine schlechte Note in einem Test, ein Streit mit meiner Mutter, was auch immer – lösten sich einfach in Luft auf, wenn ich trank. Ich vernachlässigte andere, plötzlich weniger wichtige Unternehmungen wie die Kirche und mein Streben danach, eine enge Beziehung zu Gott aufzubauen. Ich vernachlässigte meine Freundinnen, meinen Freund, meinen Alltagstrott – alle blieben auf der Strecke, da sie nicht mehr in meinen neuen Terminplan hineinpassten.

Wenn sie nicht mit mir Partys feiern wollen, dann ist das ihr Pech, redete ich mir ein.

Nachdem ich mir einen neuen, lebendigeren Freundeskreis aufgebaut hatte, begann ich, bei uns zu Hause Partys zu veranstalten. Alles war einfach perfekt: Meine Mutter besorgte den Alkohol für mich und manchmal feierte sie sogar mit. Mein Vater hätte das vermutlich nicht gebilligt, aber er kümmerte sich nicht wirklich darum und schlief selbst seinen Rausch aus.

Meine Freunde und ich hingen ab und betranken uns ganz gezielt. Doch leider ist das Urteilsvermögen in betrunkenem Zustand ziemlich getrübt. Die Jungs hatten endlich Notiz von mir genommen, was vermutlich das Ziel all meiner Bemühungen, mich beliebt zu machen, gewesen war. Aber selbst da noch hatte ich das Gefühl, bestenfalls Durchschnitt zu sein. An die „Besten" – die attraktivsten, die beliebtesten Jungs, die besten Sportler – kam ich nicht heran. Ich fühlte mich nie gut oder hübsch genug und so verstrickte ich mich immer tiefer in Verhaltensmuster, die mein mangelndes Selbstvertrauen widerspiegelten.

Auf sexuellem Gebiet begann ich damit, dass ich den einen oder anderen Jungen küsste, aber natürlich blieb es irgendwann nicht mehr dabei. In der Rückschau muss ich sagen, ich hatte keine Ahnung, welchen Preis ich für mein Verhalten zahlen musste. Wochenende für Wochenende verschenkte ich ein Stück meines Herzens.

Ich ließ die Zärtlichkeiten mit einem Jungen bis zu einem gewissen Punkt kommen und hörte auf, wenn es mir zu viel wurde. (Natürlich nahm mir der Alkohol alle Hemmungen. Alle Schranken waren aufgehoben und alle Bedenken, die mich befielen, wurden sofort beiseitegefegt.) Doch wenn ich diesen Punkt das nächste Mal mit einem anderen Jungen erreichte, überwand ich ihn ohne Scham. Und so ging es immer weiter.

Es ist, als würde man Tag für Tag ein Pflaster von einer blutenden Wunde abreißen, bis man eines Tages für den Schmerz gefühllos wird.

Ich bin traurig über diese Zeit in meinem Leben – über meine Trunksucht, Sorglosigkeit und Ichbezogenheit. Wollte ich denn kein „gutes Kind" sein? Wollte ich nicht verantwortungsbewusst sein und respektiert werden? Doch, das wollte ich. Aber noch größer war mein Wunsch nach Akzeptanz. Nach Anerkennung. Ich wollte „in" sein. Je länger ich diesen Drahtseilakt ausführte, desto mehr wurde mir klar, dass ich irgendwann zur einen oder anderen Seite herunterfallen musste.

Im Januar des Jahres 1999 schraubte ich meine Partybesuche zurück, aber ich konnte mich nicht dazu überwinden, ganz damit aufzuhören. Es gehörte zu sehr zu mir. Hätte ich ganz damit aufgehört, wäre es so gewesen, als hätte ich mir meinen rechten Arm abgehackt. Und wenn ich ehrlich bin, ich wollte auch nicht mit meinen Partyfreunden brechen. Ich wollte mit ihnen abhängen, ein Teil ihres Lebens und informiert sein.

Es wurde deutlich, dass ich mich gefährlich auf dem

Drahtseil verfangen hatte. Deshalb machte ich nur ganz vorsichtige Schritte und versuchte, all die Crystals, die ich sein wollte, miteinander in der Balance zu halten. Ich hatte die Entscheidung getroffen, Jesus nachzufolgen, aber die Christin Crystal hatte einfach nicht den Sexappeal, den sie gern gehabt hätte. Ich hatte viel Blut, Schweiß und Tränen in den Sport investiert, aber die Sportlerin Crystal war jemand, den ich nie kennengelernt habe. Trotz zahlreicher Stunden, in denen ich über den Lehrbüchern gebrütet hatte, konnte die gelehrte Crystal nicht mit anderen mithalten. Ich sehnte mich danach, zu den Schönen und Beliebten zu gehören, aber die populäre Crystal kam nur zum Vorschein, wenn ich beschwipst oder betrunken war. Und das gute Mädchen Crystal hatte nie Spaß.

Ich war desillusioniert und merkte, wie leer das „gute Leben", das ich führte, eigentlich war, und ich wusste, irgendetwas musste sich ändern. Eine dramatische Umkehr war fällig. Aber wo sollte ich anfangen? Jesus, dem ich als Achtklässlerin mein Leben anvertraut hatte, war vermutlich so enttäuscht von dem Weg, den ich eingeschlagen hatte, dass er mich bestimmt nicht wieder zurückhaben wollte. Ich hasste den Menschen, zu dem ich geworden war. Aber ich wusste einfach nicht, was ich tun sollte.

Hoffnungsschimmer

Nach dem Amoklauf an der *Columbine High School* erschien mir das Leben bestenfalls ein grausamer Scherz zu sein. Aber im Laufe der Monate verschaffte sich eine andere Stimme in meinem Inneren Gehör.

Ich hatte das Gefühl, in einem dichten Wald abgesetzt worden zu sein. Die untergehende Sonne warf lange Schatten und der Weg war schwer zu finden. Auf dem Boden zu meinen Füßen konnte ich kleine Bröckchen erkennen, kleine Krümel Klarheit. Und so konnte ich ein paar Schritte weitergehen, bis ich wieder die Orientierung verlor. Dann sah ich hinunter auf meine Füße und hoffte auf einen weiteren Krümel Klarheit, und tatsächlich, da lag er. Nichts Großartiges. Keine Neonlichter, keine Stimmen vom Himmel oder ein wildes, übernatürliches Zerren in die eine oder andere Richtung. Nur eine kleine Prise Verständnis und Erkenntnis, die ausreichte, um mich dazu zu bringen, eine weitere Minute, eine weitere Stunde, einen weiteren Tag, eine weitere Woche lang einen Fuß vor den anderen zu setzen.

Ich begann mich wieder nach Gott zu sehnen, obwohl ich zornig und verwirrt war wegen all dem, was er in meinem Leben zugelassen hatte.

Vielleicht, dachte ich, *nur vielleicht ist die Beziehung zu Jesus, die ich als Achtklässlerin eingegangen war, die Antwort auf die tiefsten Fragen und Schreie meines Herzens.*

Mein Abschluss an der *Columbine High School* kam und ging vorbei, und ich wollte in dem Sommer nach meinem Schulabschluss nicht nur an einem Pool sitzen oder in Versuchung geraten, an jedem Abend eine Party zu besuchen. Ich rief einen Freund an. Er hatte mir einmal angeboten, den Kontakt zu einer Organisation herzustellen, wenn ich jemals den Wunsch haben sollte, etwas für andere Menschen zu tun. Die Organisation nannte sich *Samaritan's Purse*. (Acht Monate nach dem Amoklauf an der *Columbine* war ich mit diesen Leuten schon einmal ins vom Krieg zerrissene Kosovo gereist. Und mit ihnen flog ich fünf Jahre später nach Russland.) Seit mehr als zwanzig Jahren schickte *Samaritan's Purse* Mitarbeiter in die ganze Welt, nach Kenia, Ruanda, Bangladesch, Ägypten, Papua-Neuguinea, Haiti und Ecuador, um nur einige Länder zu nennen, um den von Katastrophen, Hungersnöten und Krankheiten heimgesuchten Menschen, die so dringend benötigte medizinische Hilfe, aber auch die noch dringender benötigte geistliche Heilung zu bringen.

„Heilt die Kranken in der Stadt und sagt den Leuten: ‚Gott richtet jetzt seine Herrschaft bei euch auf!'", forderte Jesus in Lukas 10,9 seine Jünger auf.

Samaritan's Purse hat diesen Auftrag Christi ernst genommen.

„Wo werde ich gebraucht?", fragte ich meinen Freund, als ich im Sommer 2000 mit ihm telefonierte.

Honduras lautete die Antwort.

Ich sollte mit einer Gruppe zusammen Wiederaufbauhilfe leisten in einem Gebiet, das von einem schweren Wirbelsturm heimgesucht worden war. Ich war dort für den Bau von Wasserreinigungsanlagen aus Zement zuständig. Mithilfe dieser Anlagen wurden die Familien mit dem so dringend benötigten sauberen Wasser versorgt. Unsere Aufgabe war es, Zement mit der Hand zu mischen und ihn dann in riesige Mulden zu gießen, anschließend alle Luftblasen herauszuklopfen, damit er richtig trocknen konnte. Diese Art von Arbeit war neu für mich, aber mir gefiel der Gedanke, etwas Gutes zu tun.

Am Ende eines jeden Tages war ich vom Kopf bis zu den Füßen mit Zement bestäubt und meine Finger waren übersät von Blasen. Doch die Ergebnisse meiner Arbeit begeisterten mich. Wenn die Sonne am Abend unterging, konnte ich über das Stück Land hinwegschauen, auf dem wir gearbeitet hatten, und die fertigen Anlagen bestaunen. Sie konnten nun an die Menschen verteilt werden, die dringend sauberes Wasser brauchten.

Emotional ging es mir in diesem Sommer nicht so gut. Damit hatte ich nicht gerechnet. Ich durchlebte neue Tiefen von Schmerz und Trauer. Jeden Morgen joggte ich drei Kilometer, ging noch mal drei Kilometer etwas langsamer und rannte nachmittags häufig noch einmal, um den Stress abzubauen, der mich plagte, aber eine Besserung war nicht zu spüren. Am Ende des Sommers hatte ich zehn Kilo zugenommen; auf meinem Gesicht, meiner Brust und meinem Rücken war Akne ausgebrochen und emotional war ich ein Wrack. Ich war fest davon überzeugt, dass niemand mich mochte, niemand sich um mich kümmerte oder mir zur Seite stand.

Der Gott, den ich so oft vernachlässigt hatte, war jetzt meine einzige Hoffnung auf Überleben. Ich begann ihn zu bitten, die entsetzlichen Bilder, die mich nach wie vor quälten, wegzunehmen und mir seinen Frieden und seine Zuversicht zu schenken und mich seine Gegenwart spüren zu lassen. Ich betete darum, dass Verständnis an die Stelle meiner Verwirrung treten, dass Zuversicht meine Ängste vertreiben und ich in meiner Einsamkeit Trost finden möge.

Wie gern würde ich meine Probleme und Sorgen am Fuß deines Kreuzes niederlegen, Gott. Wenn es einen Weg gibt, aus allem, was in meinem Leben geschehen ist, etwas Gutes werden zu lassen, dann bitte tu es. Gebrauche alles, was geschehen ist, damit ich andere Menschen erreiche. Scheine durch mich hindurch und halte Satan von meinem Leben fern. Bitte gestatte ihm nicht, gegen mich zu arbeiten. Ich wünsche mir, dich allein mit meinem verpfuschten Leben zu verherrlichen.

Der Beginn der Heilung

Nur wenige Tage später merkte ich, dass Gott mein Gebet erhörte. Ich bekam die Gelegenheit, Cassie Bernalls Mutter Misty zu einem Waisenhaus in der Nähe von *Tegucigalpa* zu begleiten. Sie hatte mir zu Beginn des Sommers per E-Mail mitgeteilt, dass sie nach Honduras reisen würde und ob ich Lust hätte, sie für ein Wochenende zu besuchen.

Als ich in dem wunderhübschen gelb-weißen Gebäude, wo sie auf mich wartete, eintraf, fand ich in den Augen eines bekannten Gesichts den Frieden, die Zuversicht und die Anzeichen für die Gegenwart Gottes, nach denen ich mich den ganzen Sommer lang gesehnt hatte. Misty Bernall und ich umarmten uns fest, bevor wir das Gebäude betraten.

Voller Stolz betrachteten wir das Schild mit dem Namen des Waisenhauses. Wir platzten beide beinahe vor Stolz. Es hatte den Namen bekommen:

Hogar de Ninos
Cassie René Bernall
Heim für Kinder

Auf dem Rasen vor dem Haus stand eine große Gedenktafel – eine bleibende Erinnerung an Cassies Leben und ihr Vermächtnis. Mit dem Finger fuhr ich über die Bronzebuchstaben und las die Inschrift unter dem in Bronze gegossenen Bild meiner verstorbenen Freundin:

BIEN HECHO, BUEN Y FIEL SIERVO

EST HOGAR ES DEDICADO EN MEMORIA DE
CASSIE RENÉ BERNALL

ELLA DIJO „SÍ"

FUE MUERTA POR SU VALENTÍA FIDELIDAD AL SENOR.

ESE DÍA, ELLA ENTRO AL LA GLORIA RECIBIENDO LA
CORONA DE LA VIDA

NACIO EL 6 DE NOV. 1981

FALLECIO EL 20 DE ABRIL 1999

ESTE HOGAR ES HECHO CON AMOR POR SUS
PADRES MISTY Y BRAD, SU HERMANO CHRIS,
SU FAMILIA Y HERMANOS EN CRISTO.
HASTA QUE NOS REUNAMOS EN PARADISO.

DEDICADO EL 20 DE ABRIL 2000

GUT GEMACHT, DU GUTER UND GETREUER KNECHT

DIESES HEIM IST DEM ANDENKEN AN
CASSIE RENÉ BERNALL GEWIDMET

SIE SAGTE „JA"

SIE WURDE GETÖTET WEGEN IHRES MUTS UND IHRER TREUE
ZUM HERRN. AN DIESEM TAG GING SIE EIN IN DIE
HERRLICHKEIT UND BEKAM DIE KRONE DES LEBENS

GEBOREN 6. NOV. 1981

GESTORBEN 20. APRIL 1999

DIESES HEIM WURDE IN LIEBE ERRICHTET VON
IHREN ELTERN MISTY UND BRAD, IHREM
BRUDER CHRIS UND IHRER FAMILIE UND
BRÜDERN UND SCHWESTERN IN CHRISTUS.
BIS WIR UNS IM PARADIES WIEDERSEHEN.

GESTIFTET AM 20. APRIL 2000

In seinem Buch *Searching for God Knows What* schreibt Donald Miller: „Das Wichtigste, was Sie tun können, ist, Ihre Kinder zu lieben, sie zu umarmen und ihnen zu sagen, dass Sie sie lieben, denn bis wir in den Himmel kommen, können wir unsere Hände nur auf die Wunden legen."[2]

Die Hände auf die Wunden legen. Ja, allmählich erfahre ich das. Obwohl ich immer noch nicht alles verstehen konnte, was sich bisher in meinem Leben ereignet hatte, fing ich an zu erkennen, dass meine Wunden nie heilen würden, wenn ich weiterhin ängstlich zurückschauen würde. Nein, ich musste nach vorn sehen, zum Horizont, der mich in die Ferne lockte. Bis dahin hatte ich mir den Hals verrenkt, so lange nach hinten geschaut, dass ich gar nicht mehr gesehen hatte, was vor mir war. Aber auf einmal flackerten kleine Leuchtfeuer der *Hoffnung* vor mir auf, und ich konnte mich für ihre heilende Kraft entscheiden, wenn ich das wollte.

Als ich Hand in Hand mit Misty Bernall vor dem Waisenhaus und vor der Gedenktafel stand, blickte ich nach unten und fragte mein Herz: *Geht es dir immer noch nicht besser?*

Und endlich lautete die Antwort ja, wenn auch leise und vorsichtig.

Die Kehrseite des Leids

Der Geist des Herrn hat von mir Besitz ergriffen.
Denn der Herr hat mich gesalbt und dadurch
bevollmächtigt, den Armen gute Nachricht zu bringen.
Er hat mich gesandt, den Verzweifelten neuen Mut zu
machen, den Gefangenen zu verkünden:
„Ihr seid frei! Eure Fesseln werden gelöst!"
Er hat mich gesandt, um das Jahr auszurufen,
in dem der Herr sich seinem Volk gnädig zuwendet,
um den Tag anzusagen, an dem unser Gott
mit unseren Feinden abrechnen wird.
Die Weinenden soll ich trösten und allen Freude bringen,
die in der Zionsstadt traurig sind.
Sie sollen sich nicht mehr Erde auf den Kopf streuen und
im Sack umhergehen, sondern sich für das Freudenfest
schmücken und mit duftendem Öl salben;
sie sollen nicht mehr verzweifeln, sondern Jubellieder singen.
Die Leute werden sie mit prächtigen Bäumen vergleichen,
mit einem Garten, den der Herr gepflanzt hat,
um seine Herrlichkeit zu zeigen.

JESAJA 61,1-3

Früher habe ich meinem Vater gern stundenlang bei seiner
Gartenarbeit zugeschaut. Das ist eine meiner liebsten Erinnerungen an die Vergangenheit. Mit dreißig wagte er mit

einem eigenen Gartenbaubetrieb den Sprung in die Selbstständigkeit, trotzdem war die Gartenarbeit für ihn immer mehr als nur eine Arbeit, mit der er seinen Lebensunterhalt verdiente – sie war auch seine Leidenschaft. Pflanzen liebte er über alles.

Meinem Vater ist es zu verdanken, dass unser Garten immer wunderschön aussah (wenn man die berüchtigt schlechte Bodenqualität Colorados bedenkt, dann war das eine große Leistung), und damit widerlegte er das Sprichwort, dass Schusterkinder nie Schuhe besitzen. Leider ist seine Leidenschaft nie auf mich übergesprungen, aber trotzdem respektiere ich seine gärtnerische Leistung.

Mein Vater könnte sicherlich das Wort *aquilegia canadensis* aussprechen, aber bitte verlangen Sie das nicht von mir! Es ist das lateinische Wort für „wilde Kolumbine" [Akelei], eine außerordentlich widerstandsfähige Pflanze mit roten und weißen Blüten, die sich selbst aussät und ungewollt an den unglaublichsten Stellen wächst. Man könnte sie also eigentlich zum Unkraut zählen. Aber sie ist ein so schönes und ungewöhnliches Unkraut, dass die meisten Menschen diese Pflanze nicht als Unkraut betrachten.

Aus diesem Grunde wurde dann wohl irgendwann im späten 19. Jahrhundert die lavendelfarbene und weiße Kolumbine zur offiziellen Staatsblume Colorados ernannt. Einfach. Wunderschön. Und geschützt. Vielleicht kann sie deshalb ihren Samen so freizügig verteilen, nur begrenzt durch die Reichweite des Windes. Sie ist *geschützt*. Sicher und beschützt.

Vielleicht auch nicht. Auch wenn die Bevölkerung im Allgemeinen akzeptiert hat, dass die Staatsblume nicht gepflückt werden darf, gibt es kein Gesetz, das dies verbietet. Sicher wiegte sich die Blume in Sicherheit, weil sie geschützt ist. *Die Menschen werden mich nicht abpflücken, immerhin bin ich die Staatsblume!* Aber in Wirklichkeit war sie genauso verletzlich wie wir, die wir die Schule gleichen Namens besuchten, die *Columbine High.* Wir mussten auf die harte Tour lernen, dass der Schutz, auf den wir so blind vertraut hatten, überhaupt nicht existierte.

Ein paar Wochen nach dem Amoklauf, als ich im jungen Alter von sechzehn Jahren desillusioniert und meines Lebens überdrüssig war, wurde die Kolumbine für mich zum Symbol des Durchhaltens angesichts des Leids. An einem glühend heißen Sommernachmittag standen mein Vater und ich mit trauerndem Herzen und mit Gartenhandschuhen ausgerüstet draußen in unserem großen Garten. Wir hatten eine Mission zu erfüllen und wollten dreizehn Kolumbinen in den dunklen Boden unserer gepflegten Blumenrabatten einpflanzen für die dreizehn Menschenleben, die sinnlos ausgelöscht worden waren.

Nachdem wir den letzten der dreizehn Setzlinge in die Erde gebracht hatten, blieben wir ein paar Minuten lang schweigend stehen. Unsere Gedanken wanderten zurück zu dem Ereignis, das uns zu diesem Vorhaben veranlasst hatte. Ich dachte über den Vorgang des Säens und Erntens nach. Es war ein Wunder, wie alles wachsen konnte. Man steckt ein paar Samenkörner in die Erde und wartet ab. Minuten vergehen. Nichts. Man merkt, dass man bereits seit einer Stunde in der brennenden Sonne steht. Immer noch nichts. Der Tag geht in die Nacht über und die Nacht wieder in den Tag. Der Tau trocknet, während sich die Erde aufwärmt, und man steht immer noch da und starrt auf einen geheimnisvollen Hügel schwarzer Erde.

Wo ist die Blume?, fragt man sich. *Wie lange dauert das noch?*

Hoffnung ist, darauf zu warten, dass trotz der beklagenswerten Umstände, die uns veranlasst hatten, diese Pflanzen in den Boden zu setzen, diese Kolumbinensetzlinge eines Tages aus der Erde wachsen und den Zweck erfüllen würden, zu dem sie geschaffen waren: Sie würden bunte, Leben spendende Manifestationen der Schöpferkraft Gottes sein, der aus der Asche Schönheit erwecken konnte. Nähme man den Pflanzen den Prozess des Wurzeltreibens und des Durchstoßens der Erde ab, dann nähme man der Pflanze damit die Möglichkeit, die Widerstandskraft zu entwickeln, die nötig ist, um den grausamen Elementen wie Wind, Regen und Hagel zu trotzen. Ihre Schönheit entfalten konnten sie nur, weil sie zuerst durch das Leiden gingen.

Howard Hendricks, ein bekannter Dozent am Theologischen Seminar in Dallas, sagt, dass wir, solange wir auf der Erde leben, uns eigentlich im Land der *Sterbenden* befinden, nicht im Land der Lebenden.[1] Auch wenn das schwer zu verstehen ist, wir müssen bedenken, dass wir nicht für diese Welt geschaffen sind, sondern für die Ewigkeit – für eine ewige Realität, die Gottes ewig präsente Macht und Vollkommenheit einschließt.

Das „Endspiel" des Leids

Meine Lieblingsbibel sieht aus, als hätte der Wind an ihr gezerrt und als wäre sie ein paar Mal im Laufrad gedreht worden – ähnlich wie mein Leben in den vergangenen sieben Jahren. Mit anderen Worten, meine Bibel sieht sehr mitgenommen aus. Es ist eine alte NIV, nicht größer als meine beiden übereinandergelegten Hände, und sie ist mit einer Collage von Bildern meiner Freunde und kleinen Spruchkarten beklebt, wie sie in christlichen Buchhandlungen neben der Kasse stehen. Jede Karte, jedes Foto – sie alle bedeuten mir etwas und darum ist diese bestimmte Bibel auch meine Lieblingsbibel.

Der häufige Gebrauch hat seine Spuren hinterlassen. Viele der Tabellen, Karten und Konkordanzseiten haben sich vom Einband gelöst, aber aus Respekt stecke ich sie immer wieder in die Bibel zurück. Sie ist vielleicht nicht schön, aber sie ist ein Sinnbild für die raue und holprige Reise, auf der ich mich befinde, auf der ich das Wort Gottes studiere und danach lebe – oder es zumindest versuche.

Beim Durchblättern der Seiten kann selbst der oberflächlichste Beobachter merken, dass ich kein Fan des Alten Testaments bin. Doch wenn man dann das Matthäusevangelium aufschlägt, weiß man gleich Bescheid. Von den Evangelien bis zur Offenbarung findet man kaum noch eine weiße Fläche. Alle Ränder, die Zwischenräume zwischen den Spalten und jeder Millimeter zwischen dem Text und den Fußnoten sind mit meinen Anmerkungen bekritzelt.

Es sind Erklärungen zu den Versen darüber, darunter oder daneben, die mir hilfreich erschienen. Manchmal ist es ein kurzes Gebet, das meinen tiefen Wunsch ausdrückt, diesen bestimmten Vers in meinem Leben umzusetzen.

Am Rand von Lukas 6,37, wo wir aufgefordert werden, nicht zu verurteilen, steht zum Beispiel: „Herr, vergib mir meinen kritischen Geist und meinen Hang zu verurteilen. Hilf mir zu lieben … und mir über meine *eigene* Sünde Gedanken zu machen."

An anderen Stellen findet man Freudenausbrüche über eine neue Erkenntnis. Jeder Vers von Epheser 3 ist zum Beispiel überschrieben mit den Worten: „Lebe ein Leben, das sich lohnt!" Und wann immer ich diese Seite aufschlage, zieht sich mein Herz beim Anblick dieser Aufforderung in meiner Handschrift zusammen.

Führe ich im Augenblick ein Leben, das sich lohnt?, muss ich mich bei jeder Begegnung mit diesen Worten fragen. Jedes Mal verletzt es mein Ego, doch es bringt mich sofort dazu, mich wieder neu auszurichten.

Manche Abschnitte kann ich kaum lesen, weil sie so verkritzelt sind. Und diese niedergeschriebenen Gedanken wirken so heilig, so geistlich, als hätte ich sie in die Tat um-gesetzt oder es geschafft, ein rechtschaffenes Leben zu füh-ren.

Doch in Wirklichkeit zwingen die Bemerkungen mein egozentrisches Ich dazu, mir wieder neu bewusst zu ma-chen, was Jesus von mir möchte. Sie erinnern mich daran, dass dieses Leben nicht mir selbst gehört. Dass das überge-ordnete Ziel meines Lebens ist, *Gottes* Bestimmung für mein Leben zu erfüllen und nicht meine eigene. Und dass seine Ziele manchmal nicht so offensichtlich sind, wie ich mir das wünsche.

Etwa ein Jahr nach *Columbine* war ich von einigen Ver-sen so gefesselt, dass ich sie auswendig lernte. Sie stehen in Psalm 139 und beleben und ermutigen mich, wann immer ich sie lese.

Denn du hast meine Nieren bereitet und hast mich gebildet im Mutterleibe. Ich danke dir dafür, dass ich wunderbar ge-macht bin; wunderbar sind deine Werke, das erkennt meine Seele. Es war dir mein Gebein nicht verborgen, als ich im Verborgenen gemacht wurde, als ich gebildet wurde unten in der Erde. Deine Augen sahen mich, als ich noch nicht bereitet war, und alle Tage waren in dein Buch ge-schrieben, die noch werden sollten und von denen keiner da war.
Psalm 139,13-16 (LÜ 84)

Der Vers, der davon spricht, dass ich wunderbar gemacht bin, lässt mich immer innehalten, denn oft fühle ich mich gar nicht so wunderbar, wie Gott mich geschaffen hat. Aber das ist nicht der Teil, der mich besonders ergreift. Im Wei-teren spricht der Psalmist davon, dass auch Gottes *Werke* wunderbar sind. Ich meine, wenn er alles in der Hand hält und alle seine Werke wunderbar sind, wie passt dann das

94

Leid ins Bild? Diese Frage quälte mich so sehr, dass ich mich auf die Suche nach einer Antwort machte.

Unmittelbar nach *Columbine* hatte ich angefangen, in der Bibel nach dieser Antwort zu suchen. Aber dort fand ich nicht so richtig, was ich suchte. Ich wollte Gottes Frieden und seine Gegenwart spüren, wenn ich down war. Erst ein Jahr später brachte ich den Mut auf, mit meinen schwierigen Fragen direkt zu Gott zu gehen. Wie tröstend war es, dass sein Wort in der Lage war, mich zu lehren, mich reifen zu lassen und mir Mut zu geben für die vor mir liegende Reise!

Der Sinn des Paradoxons

Die am häufigsten unterstrichene, mit Sternchen und Ausrufezeichen versehene Stelle in meiner zerlesenen Bibel ist Römer 5,3-5. Diese Verse helfen mir weiter, denn sie sprechen die großen Fragen der Bibel an – vor allem die Frage, wie ein guter Gott zulassen kann, dass den Menschen, die er eigentlich liebt, schreckliche Dinge zustoßen. Mit dem „Thema Leid" war ich nur allzu vertraut und ich wünschte mir so sehr, über der Frage, ob ich jemals die Furcht und den Zynismus überwinden würde, zur Ruhe zu kommen. In diesem Abschnitt lesen wir:

Mehr noch: Wir rühmen uns sogar der Leiden, die wir für Christus auf uns nehmen müssen. Denn wir wissen: Durch Leiden lernen wir Geduld, durch Geduld kommt es zur Bewährung, durch Bewährung festigt sich die Hoffnung. Unsere Hoffnung aber wird uns nicht enttäuschen. Denn dass Gott uns liebt, ist unumstößlich gewiss. Seine Liebe ist ja in unsere Herzen ausgegossen durch den Heiligen Geist, den er uns geschenkt hat.

Offensichtlich stand ich nicht allein mit meiner Frage, inwiefern das Leiden Gutes bewirken könnte, denn scheinbar hatten die Gläubigen in Rom ausdrücklich danach gefragt. Ich unterstrich diese Verse ganz dick, nicht weil ich bereits danach lebte, sondern weil ich von ganzem Herzen so leben *wollte*. Ich wollte das Leid wirklich als einen Weg nehmen; doch leider war meine spontane Reaktion darauf immer anders als in den Versen beschrieben. In meiner Teenagerzeit reagierte ich auf Schwierigkeiten ganz unterschiedlich, aber nie mit dem Satz: „Ja! Danke, Gott, für diesen Schmerz, diese Sorge, dieses Leid! Das wird mich schließlich zur Hoffnung führen, ich weiß es!"

Aber in der Bibel heißt es, dass wir mitten im Leid auch Freude erfahren können. Vielleicht nicht diese übersprudelnde Form der Freude, die uns Luftsprünge machen und Freudenschreie ausstoßen lässt, aber trotzdem Freude.

Wenn wir durch die Gnade, die uns durch Jesus zuteilgeworden ist, Frieden mit Gott schließen – das heißt, wenn wir Jesus bitten, in unser Leben zu kommen und es in seine Hände zu nehmen, anstatt auf unser eigenes Vermögen zu vertrauen –, dann können wir uns freuen, so heißt es im Vers 2, über die Hoffnung darauf, dass wir Anteil haben werden an der Herrlichkeit Gottes. Das bedeutet, wir können hoffen, weil wir uns auf ein wunderbares Schicksal freuen können: auf die Ewigkeit in der Gegenwart unseres Schöpfers.

Interessanterweise findet sich auch das Wort *rühmen* im Vers 3. Es ist dasselbe, schwierig auszusprechende griechische Wort *kauchaomai*. Aber dieses Mal geht es nicht darum, wie wir auf die Verheißung einer wundervollen Zukunft bei Gott reagieren sollen, sondern dies soll unsere Reaktion auf das *Leid* sein, das wir in unserem Leben erfahren. Wir sollen uns also inmitten unseres Leides rühmen.

Aber wessen sollen wir uns rühmen?

Die vier Verse, auf die ich mich im Kapitel fünf des Römerbriefes konzentrierte, stehen in einem größeren Kontext: Paulus weist die römische Gemeinde auf den Nutzen hin, den der Glauben an das Evangelium bringt. Die Frage lautet also, was bringt es einem Menschen, an die Botschaft Christi zu glauben?

„Ich bin froh, dass ihr gefragt habt", antwortet Paulus und zählt sieben Dinge auf, die ein Christ durch den Glauben geschenkt bekommt, Dinge wie Frieden und Zugang zu Gott, ewige Sicherheit in Christus und Freude im Leid. Die Fähigkeit, sich angesichts von Leid zu freuen, wurde also im Wesentlichen als eine positive Beigabe eines Lebens in der Nachfolge Jesu betrachtet. Und was Paulus vor vielen Jahrhunderten schrieb, gilt auch heute noch: Sich im Leid freuen zu können, ist ein *wichtiger Vorteil* eines Lebens als Christ.

Nach *Columbine*, als die Wochen in Monate und schließlich in Jahre übergingen, war mein größter Wunsch, meine zerstörerischen Gedanken und Überzeugungen zu überwinden und zu erkennen: Leid kann tatsächlich mit Freude einhergehen. Das erschien mir zwar eher Wunschdenken zu sein als Wahrheit, aber irgendwie war mir klar, dass ich nie aus dem Loch herauskommen würde, geschweige denn es schaffen würde, mein Leben lebenswert zu gestalten, wenn ich mich nicht darauf einlassen könnte.

Vor allem wurde mir klar, dass ich, wenn ich das Leid als etwas Wertvolles betrachten würde, auch einige tolle Nebenprodukte entdecken würde, die mir helfen sollten, mein Leben wieder etwas optimistischer anzugehen. Wenn ich jetzt auf alle meine Erfahrungen zurückschaue – auf die Zeiten des Leidens wie auch auf die Fortschritte, die ich gemacht habe –, dann wird mir immer klarer, dass die Worte des Paulus nicht nur oberflächliches Gerede oder Schaumschlägerei gewesen sind.

Diese Erkenntnis entspringt dem eigenen Erleben, denn auch er hat selbst viel leiden müssen. Paulus hat selbst erlebt, was er den Römern mit solcher Inbrunst verkündete. Er konnte ihnen Mut machen, etwas zu tun, das dem menschlichen Wesen vollkommen widerspricht – sich inmitten des Schmerzes zu freuen –, weil er selbst gelernt hatte, dass man sich über die Nebenwirkungen des Leidens freuen kann.

Und so bat ich Gott, mir zu helfen, mein Leben von einem solchen Glauben und einer solchen Überzeugung geprägt sehen zu können. Dabei erfuhr ich viel Schönes. Ich lernte Ausdauer und Charakterstärke und spürte auf einmal die Art von Hoffnung in mir, die der menschlichen Vernunft widerspricht. Und ich begann sogar, dankbar zu sein für die verborgenen geistlichen Segnungen, die ich durch das Leid in meinem Leben erfuhr, wenn ich bereit war, es anzunehmen, ohne mich dagegen zu wehren.

Neben den Gaben der Ausdauer, Charakterstärke und Hoffnung, die Paulus den Römern versprach, entdeckte ich selbst noch mindestens drei „Nebenprodukte" des menschlichen Leides. Eine vertiefte Beziehung zu Gott stand ganz oben auf der Liste. Eine gesündere Einstellung zum Leben war ein Geschenk von unschätzbarem Wert. Und der vielleicht größte Schatz von allen kam ganz unerwartet in mein Leben: Durch die Verwandlung, die nur das Leid hervorbringen kann, wurde ich Christus ähnlicher.

Einfach nur bei dir zu sein

Durch das Leid, das ich erlebt hatte, war meine Beziehung zu Gott vertieft worden. Da ich in meiner Zerbrochenheit nach neuer Hoffnung und Freude gierte, suchte ich im Wort Gottes nach Hinweisen, wie ich diese so wichtigen Werte in mir aufbauen könnte. Hoffnung kann nur in Gott gefunden werden, so lesen wir es in Psalm 62:

Aber sei nur stille zu Gott, meine Seele; denn er ist meine Hoffnung. Er ist mein Fels, meine Hilfe und mein Schutz, dass ich nicht fallen werde. Bei Gott ist mein Heil und meine Ehre, der Fels meiner Stärke, meine Zuversicht ist bei Gott.
Psalm 62,6-8 (LÜ 84)

Da Hoffnung allein von Gott kommt, nähern wir uns, wenn wir uns der Hoffnung zuwenden, per Definition gleichzeitig auch dem Geber aller Hoffnung an. Dies ist die unerwartete Realität des Leidens – Gott weiß, dass wir, wenn wir Linderung unseres Schmerzes erfahren wollen, uns an ihm festhalten müssen.

Zu Ostern im vergangenen Jahr hatte ich das Vorrecht, in der *New Life Church* in *Colorado Springs „The Thorn"* zu sehen, eine zweistündige dramatische Darstellung des Lebens und Dienstes Jesu. Es war der zehnte Jahrestag dieser Produktion und allein in dieser Woche kamen zu den acht Vorstellungen fünfzigtausend Besucher und mehr als viertausend Menschen bekannten sich am Ende dieser Abende zum ersten Mal zum Glauben an Jesus Christus.

Der zweifellos eindrucksvollste Teil dieser Produktion war die Kreuzigungsszene. Jesus wurde in der Mitte der Bühne an einen Pfahl gekettet und unter dem Spott der zuschauenden römischen Wachen und Schaulustigen geschlagen.

Immer weiter wurde auf ihn eingeprügelt, während Jesus stumm hin und her schwankte. Sein Körper war hilflos den Peitschenhieben ausgeliefert. Die Stimme Satans war über dem Lärm der jubelnden Menge zu hören, wie er den König der Könige verspottete.

„Befreie dich doch", zischte Satan. „Hast du noch nicht genug gelitten, Jesus?"

Voller Verachtung spuckte er den Namen Christi aus, während er sich über den Boden schlängelte.

Die Arme über dem Kopf an den Pfahl gekettet, der hoch aufgerichtet hinter ihm stand, schnappte Jesus nach Luft, stellte sich auf die Zehenspitzen, damit er seine Arme etwas herunternehmen und Sauerstoff in seine Lungen saugen konnte. Die grausamen Peitschenhiebe auf seinen Rücken gingen weiter, seine Wunden rissen weiter auf und immer mehr Blut floss über das rohe Fleisch auf seinem Rücken. Die jubelnde Menge wurde immer lauter, sie schleuderten ihm religiöse Verunglimpfungen entgegen, während ein römischer Soldat Jesus loskettete und zu Boden sinken ließ.

Die Soldaten zerrten ihn auf die Beine, zwangen ihn, unter dem Gewicht seines unglaublich schweren Kreuzes aufrecht zu stehen. An ihm würde er zu Tode kommen, und man befahl ihm, es selbst über die *Via Dolorosa* (wörtlich „den Weg des Leidens") zu tragen.

Bei seinen ersten vorsichtigen Schritten erklangen die ersten Töne eines Liedes, das ich sehr gut kannte, *Love Song* von der christlichen Gruppe *Third Day*. Die eindrucksvollen Worte des Textes hallten durch den Zuschauerraum, während Jesus sich mühsam weiterschleppte. Die Striemen auf seinem Rücken, an seiner Seite und den Armen waren feucht von Blut. Seine Haare klebten am Kopf, verschwitzt und blutig von dem einseitigen Kampf. Ich blickte in seine Augen, als er an meinem Platz vorbeikam, und bemerkte den tiefen Schmerz darin, als er auf die wütende Menge starrte – die Menge, die sich aus den Menschen zusammensetzte, die er liebte.

Zornige Soldaten zerrten ihn immer wieder auf die Beine, wenn er hinfiel, ließen nicht zu, dass er sein Kreuz sinken ließ. Schließlich erreichte die Prozession Golgatha (die „Schädelstätte"), und sie nagelten ihn an den Querbalken, bevor sie das Kreuz aufrichteten. Sich windend vor Schmerzen hing er da. Eine Dornenkrone wurde ihm auf den Kopf gedrückt; Tränen und Schweiß tropften von seiner Stirn.

Die Jünger und seine Angehörigen sahen zu, wie er unglaubliche Schmerzen und unerträgliche Qualen litt.

„Eloi, Eloi, lama sabachthani?", schrie Jesus zu Gott. „Mein Gott, mein Gott, warum hast du mich verlassen?" (Markus 15,34).

Sein Kopf sank auf die Brust, und er tat seinen letzten Atemzug, während die letzten Worte des Liedes verklangen.

Im Zuschauerraum saßen mehr als siebentausend Menschen, aber in diesem Augenblick hätte man eine Stecknadel fallen hören können. Sekunden später ertönten Donnerschläge, Blitze zuckten über den Himmel und die ganze Welt wurde dunkel.

Leise begann eine kleine Gruppe zu singen: „Was kann meine Sünde fortwaschen? Nichts als das Blut Jesu."

Satan schlängelte sich zum Fuß des Kreuzes und heftete seinen Blick auf Jesu leblosen Körper. Im Hintergrund sangen die Stimmen weiter.

„Was kann mich wieder heil machen? Nichts als das Blut Jesu. Oh kostbares Blut, das mich weiß wäscht wie den Schnee. Keine andere Quelle kenne ich, nichts als das Blut Jesu."[2]

Maria, die Mutter Jesu, schluchzte, während das alte Spiritual verklang.

Einfach nur bei dir sein. Dieser Satz schlich sich bis in den tiefsten Winkel meines Herzens und hielt meine Aufmerksamkeit gefangen. Um einfach nur bei dir zu sein, mein Kind, würde ich alles tun. Um einfach nur bei dir zu sein, Durchschnittskind, wäre mir kein Preis zu hoch. Um einfach nur bei dir zu sein, du Einsame, würde ich alles tun. Um einfach nur bei dir zu sein, du verwirrtes Kind, würde ich jeden Berg erklimmen. Um einfach nur bei dir zu sein, du respektloses Kind, würde ich alles tun, das verspreche ich. Um einfach nur bei dir zu sein, du leidendes Kind, würde ich mein Leben hergeben.

Das ist die unbegreifliche Wahrheit des Evangeliums. Um einfach nur bei uns zu sein, hat Christus alles gegeben, was er geben konnte, sogar sein Leben am Kreuz wie ein Verbrecher. In der Bibel lesen wir, dass keiner von uns den vollkommenen Maßstäben Gottes gerecht werden kann und daher von ihm getrennt ist (siehe Römer 3,23). Doch er hat uns nicht damit allein gelassen, einen Zugang zu Gott zu finden, sondern er hat uns eine Brücke geschenkt – seinen Sohn Jesus Christus. Er wurde in Fleisch und Blut geboren und kam auf diese Erde, um für mich zu sterben. Für dich. Für die Sünde, die uns seit Adam und Eva in ihren Klauen gehalten hat. Und in seinem Wort sagt er uns, dass wir, um erlöst zu werden, nur glauben müssen, dass er der Sohn Gottes ist, ihm unser ganzes Leben anvertrauen und anerkennen müssen, dass er allein unser Zugang zur Ewigkeit im Himmel ist. Er gab alles, um einfach nur bei uns zu sein.

Aber damit ist es nicht zu Ende. Der Grund, warum wir Christus als unserem Erlöser und dem Opfer ohne Fehl vertrauen können, ist der, dass sein Tod am Kreuz nicht das Ende war. Das größte „Und dann" in der Geschichte der Menschheit ist folgendes: Jesus litt und starb – *und dann* stand er auf von den Toten und fuhr auf in den Himmel, um zur Rechten seines Vaters in der Herrlichkeit zu sitzen.

An dem Abend, an dem ich *The Thorn* sah, wurde mir wieder neu klar, dass Christus selbst, „voller Schmerzen und Krankheit" (Jesaja 53,3), der Grund war, warum ich neue Hoffnung schöpfen konnte, denn sein Leiden führte ihn letztlich geradewegs in die ewige Gegenwart Gottes.

„Wer mir folgen will, muss sich und seine Wünsche aufgeben, sein Kreuz auf sich nehmen und auf meinem Weg hinter mir hergehen", sagte Jesus seinen Jüngern (Matthäus 16,24). Auch wenn dieses Kreuz schwer ist. Auch wenn es sehr quälend ist, es zu tragen.

Während ich noch damit beschäftigt war, mein eigenes

Leid zu verarbeiten, merkte ich, dass ich Gott, der mich geschaffen, mich erlöst und zu einem erfolgreichen (nach seinen Vorstellungen erfolgreichen) Leben bestimmt hatte, tatsächlich näher kam. Ich rückte näher an die Quelle aller Hoffnung heran – an den Einen, der versprochen hatte, mir neue Kraft und Flügel wie Adler zu geben, damit ich laufen könnte, ohne müde zu werden (siehe Jesaja 40,31). Und ob es mir nun gefiel oder nicht, diese Art der Nähe zu Gott schien nur durch das Leiden möglich zu werden.

Der Kreis schließt sich

Als Folge meiner Leiderfahrungen bekam ich schließlich eine gesündere Einstellung zum Leben, die mir, als ich noch jünger war, so schmerzlich gefehlt hatte. Ich hatte diese Stelle aus Römer, Kapitel 5, immer wieder und wieder gelesen und jedes Mal fiel mir das Versprechen ins Auge, dass die „Hoffnung uns nicht enttäuscht". Nach so viel Enttäuschung in meinem jungen Leben konnte ich mir nicht vorstellen, dass es *irgendetwas* geben sollte, das mich nicht enttäuschen würde. Aber so war es: *Die Hoffnung* enttäuscht nicht. Und das war eine Perspektive, die ich mir für mein Leben wünschte.

In *Beslan* lernte ich, dass die Hoffnung tatsächlich nicht enttäuscht. Nach dem schlimmsten Schulmassaker in der Menschheitsgeschichte lernte ich Tanya Tsarakhov kennen. Sie war erst elf Jahre alt und ihr Gesicht mit den knubbeligen Wangen, ihren kurzen, sandfarbenen Haaren und ihrem Lächeln in der Form eines aufgehenden Mondes brachte mein Herz zum Schmelzen.

Tanya hatte die Geiselnahme überlebt, aber ihr älterer Bruder war getötet worden. An einem Nachmittag begleiteten ihre Mutter Olga, ihr jüngerer Bruder Stanislaw (Stas genannt) und ich sie zu seinem Grab. Der Kontakt zu der Familie war von einem Produzenten der NBC Nachrichten vermittelt worden. In dem Beitrag sollte es um die Bindung zwischen Menschen gehen, die eine ähnliche Tragödie erlitten hatten, auch wenn sie eine halbe Welt voneinander entfernt wohnten. Diese Erfahrung sollte meine Überzeugung festigen, dass eine übernatürliche Verbindung entsteht, wenn wir miteinander trauern.

Nachdem wir alle miteinander in das Auto gestiegen waren, legte mir Tanya mit strahlenden Augen eine Schachtel in den Schoß. Trotz ihres überwältigenden Schmerzes und ihrer Verzweiflung hatte sie *mir* ein Geschenk mitgebracht. Ich war sprachlos, und es fiel mir unglaublich schwer, dieses Geschenk anzunehmen. Aber ich wusste, ich hatte keine Wahl. Als ich das Päckchen öffnete, fand ich einen weichen rosa Plüschhasen und eine Schachtel mit Schokolade überzogener Kirschen darin. Was für eine überwältigende Großzügigkeit von einem so kleinen Mädchen!

Die Räder knirschten über das Eis, als wir auf den Parkplatz des Friedhofs fuhren. Ernst machten wir uns auf den Weg zum Grab. Olga ergriff meine Hand. Schluchzend fiel sie vor dem Grab ihres Sohnes auf die Knie; der Schmerz war zu groß.

„Warum haben sie ihn getötet?", weinte sie. „Er war doch noch ein Kind! Sein Leben hatte doch gerade erst begonnen! Warum haben sie das getan?"

In tiefer Verzweiflung warf sie sich auf das Grab und nahm eine Handvoll Erde als einzige greifbare Erinnerung an ihren Sohn.

Hilflos musste ich ihren Schmerz mitansehen, aber ich spürte, wie der Heilige Geist mich aufforderte, mit Olga zu beten – mit der ganzen Familie. Wir legten die Arme umeinander und ich fing an, mit Gott zu sprechen.

Herr, bitte schenke meinen Freunden Trost und Frieden. Bitte schenke ihnen die Gewissheit, dass der kleine Tamerlan in Sicherheit ist – dass er nicht mehr leidet. Und dass er bei dir ist. Gott, hilf ihnen zu erkennen, dass sie in ihrer Trauer nicht allein sind, dass du mit ihnen trauerst und dass dein Herz genau wie ihres bricht. Bitte führe und leite sie, zeige ihnen, was sie tun sollen. Lege deine Arme um sie und wirke in ihrem Leben. Hilf ihnen, dich immer besser kennenzulernen und dir in dieser Zeit näher zu kommen, und in der Zwischenzeit komme du ihnen näher. Lindere ihren Schmerz und schenke ihnen Hoffnung. Das Leid dieser Familie ist groß, aber ich bitte dich, dass du dich ihnen zuneigst und sie begleitest, sie trägst, wenn sie nicht mehr weiterkönnen. Sei ihr Licht. Sei ihre Freude. Bitte, Gott, schenke ihnen Heilung.

Wir alle hatten Tränen in den Augen. Jeder von uns hatte ein Plüschtier und Süßigkeiten mitgebracht, die wir auf das Grab legten, und so erwiesen wir dem Toten nacheinander mit schwerem Herzen unseren Respekt. Das Lamm, das ich unter den Pfosten mit Tamerlans Foto legte, begann „Jesus liebt mich ganz gewiss" zu spielen, als ich langsam davonging.

Ich hatte mich diskret zurückgezogen, um der Familie Gelegenheit zu geben, allein am Grab Abschied zu nehmen, und während ich aus der Ferne beobachtete, wie sie gemeinsam trauerten, sich umarmten und redeten, erfüllte eine tiefe Freude mein Herz. Es war auf einmal so, als hätte ich endlich akzeptiert, warum ich *Columbine* hatte erleben müssen. Nur aus einem Grund konnte ich dieser lieben Familie in aufrichtigem Mitgefühl begegnen: Wie sie hatte ich das Tal des Todesschattens durchwandert. Und ich wusste, welche Last sie trugen und wie schwer es war, dieses schreckliche Erlebnis zu verarbeiten. Meine Heilung wurde vollständig, als ich Wege fand, anderen Menschen zu helfen, heil zu werden.

Manchmal sind die Bösartigkeit und die Sünde anderer Menschen die Ursache für Leid. So hatte ich es in *Columbine* erlebt. Auch das Leid der Familie Tsarakhov war durch die Terroristen in *Beslan* verursacht worden. Manchmal bringen wir selbst Leid über uns, wie es bei mir der Fall war, als mir die Akzeptanz meiner Freunde und der immer neue Kick wichtiger waren, als nach dem Willen Christi für mein Leben zu fragen. Aber so oder so habe ich erkannt, dass meine Einstellung zu Christus verändert wird, wenn ich bereit bin, den Schmerz zu durchleben. Christus kennt mich so gut! Er weiß, dass meine Einstellung zum Leben manchmal nur durch Probleme und Schwierigkeiten verändert werden kann. Denn dann schreie ich nach Verständnis, nach Antworten und nach Hoffnung. Und auch wenn ich nach der Tragödie von *Columbine* immer noch Sinn und Trost suche, kann ich aufrichtig sagen, dass Gott meine Schreie hört.

Es gab eine Zeit, in der ich dachte, ich würde emotional nicht mehr heil werden, aber meine größere Sorge war, dass ich mich geistlich vielleicht nicht mehr erholen könnte. Obwohl ich mich nicht erinnern kann, jemals zornig auf Gott gewesen zu sein, war ich ganz sicher zornig auf das Leben, weil es mich enttäuscht hatte. Und da ich glaubte, dass Gott alles in der Hand hielt, was in meinem Leben geschah, war mein Zorn vermutlich unbewusst auch gegen ihn gerichtet. Aber ich hatte zu viel Angst, das einzugestehen.

Es ist unangemessen, zornig auf Gott zu sein. Er ist ... er ist immerhin Gott!, warnte eine Stimme in mir.

Ich war doch erst sechzehn und hatte mein ganzes Leben noch vor mir. Und von einer Sekunde auf die andere war alles auf den Kopf gestellt. Voller Stolz hatte ich mein Kartenhaus aufgebaut, aber *Columbine* brachte es zum Einsturz. In den Tagen nach dem Amoklauf wurde ich zynisch: War es denn von Bedeutung, ob ich lebte oder starb? Das Leben brachte doch nur Enttäuschung, Zerstörung und Hoffnungslosigkeit. War der Tod wirklich so schlimm?

Doch dann musste ich an Gam und andere treue Christen denken. Sie hatten sich einem höheren Ziel verschrieben und ich fing an, Gott anzuflehen – würde er sich überhaupt an mich erinnern? –, er möge sein verirrtes Kind wohlwollend ansehen.

Sie hatten recht mit allem, was sie über dich gesagt haben, aber ich war zu blind, es zu sehen, bekannte ich ihm.

Jetzt erkenne ich, dass *Columbine* mir ein Geschenk gemacht hat. Es löste die tödliche Umklammerung meiner Lieblingssünde, der Ichbezogenheit. Als ich unter jenem Tisch hockte und fest davon überzeugt war, dass ich eines entsetzlichen Todes sterben müsste, wurde mir klar, dass sich in meinem Leben bisher alles nur um mich gedreht hatte. Aber Erfüllung hatte ich darin nicht gefunden. Ich war nichts als eine leere Hülle, die so tat, als wäre alles in Ordnung.

Im Angesicht des Todes war ich gezwungen, mir darüber klar zu werden, was ich tatsächlich glaubte – und ich glaubte, dass es einen Gott gibt. Es gibt einen Sinn für mein Leben. Es gibt Hoffnung. Es gibt einen Heiligen Geist, der mich führen wird. Zusammen mit Paulus begann ich zu bekennen, dass das, was ich als großen Gewinn gesehen hatte, eigentlich ein großer Verlust war (siehe Philipper 3,7-8). Denn wenn Gott einen Menschen füllt, dann sehnt er sich nicht mehr nach den Dingen, nach denen er sich vorher gesehnt hat. Der Wunsch nach Akzeptanz, Geld, einem großen Haus, tollen Kleidern, den „richtigen" Freunden und „coolen" Hobbys verblasst. Diese Wünsche werden in den Hintergrund gedrängt: *Nichts* zählt, außer nach dem Willen Gottes zu fragen.

Als er endlich meine Aufmerksamkeit hatte, flüsterte er nur: „Willst du dein Leben lang im Gewöhnlichen bleiben, oder willst du etwas Besonderes sein für mich?"

Das große Aber

Ein drittes Nebenprodukt meines Leids – und das wurde mir lieber als vielleicht alle anderen – spricht Paulus in einem anderen seiner Briefe an die frühen Christen an. Er schreibt den Korinthern, dass die meisten schwierigen Herausforderungen, vor die er gestellt wurde, ein erstaunliches Ergebnis zeigten: *Dankbarkeit* für das Leiden, das er von Natur aus verachtete. Er erklärt: „Jetzt trage ich meine Schwäche gern, ja, ich bin stolz darauf, weil dann Christus seine Kraft an mir erweisen kann. Darum freue ich mich über meine Schwächen, über Misshandlungen, Notlagen, Verfolgungen und Schwierigkeiten. Denn gerade wenn ich schwach bin, dann bin ich stark" (2. Korinther 12,10). Gott hatte Paulus sogar gesagt: „Du brauchst nicht mehr als meine Gnade. Je schwächer du bist, desto stärker erweist sich an dir meine Kraft" (Vers 9).

Vollkommenheit. Ganz bestimmt ein Ziel, das wir Menschen nicht erreichen können. Im Alten Testament sagte Gott zu den Israeliten: „Ich bin der Herr, der euch aus Ägypten geführt hat, um euer Gott zu sein. Ihr sollt heilig sein, weil ich heilig bin" (3. Mose 11,45). Aber Gott wusste auch, dass sein Volk nie so sein konnte wie er. Darum hat er seinen Sohn und seinen Heiligen Geist gesandt – um uns in Gottes Augen vollkommen zu machen und uns dahin zu führen, dass wir diese Vollkommenheit in unserem Leben als gewöhnliche Menschen erreichen können. Mit anderen Worten, er formt uns, trotz unserer Schwächen, zu einem Wesen, das ihm ähnlicher ist.

Aber wie genau geschieht das?

Ich fing an zu erkennen, dass Gottes Umgestaltungsprozess an Intensität zunahm, wenn ich durch eine besonders schwierige Zeit der Versuchung und des Leides ging. Mir scheint, je größer die Schwierigkeiten, desto mehr sind wir gezwungen, uns an Gott festzuhalten, uns mit jeder Faser unseres Wesens an seine starke Brust zu drücken. In solchen Augenblicken erkennen wir wieder mit neuer Wertschätzung, dass es uns an Kontrolle, Stärke, Beständigkeit, Vernunft mangelt. Wir *brauchen* ihn. Und zwar ganz dringend.

In Jesaja 64,8 beten die Israeliten zu Gott. Sicher, sie sind der „Rest von Gottes erwähltem Volk", aber sie sind eben unvollkommen. In diesem bestimmten Gebet haben sie gerade eine Litanei von Sünden aufgezählt, die sie begangen haben, und bekennen, dass sie unreine, verworfene, geistlich tote Sünder sind. Und dann werden sie mit dem „großen Aber", wie ich es nenne, konfrontiert.

Das große Aber zieht sich durch die ganze Bibel. Es ist sehr wichtig, um zu verstehen, wie Gott in unserer gebrochenen Welt eingreift. Kurz vor dem großen Regen sagt er zu Noah: „Ich werde eine Flut über die Erde hereinbrechen lassen, in der alles Lebendige umkommen soll. Mit dir *aber* schließe ich meinen Bund" (1. Mose 6,17-18).

Inmitten der zehn verheerenden Plagen über das Land und das ägyptische Volk sagte er zu Mose: „Ich hätte schon lange meine Hand ausstrecken und dich und dein Volk mit Seuchen vernichten können. *Aber* ich habe dich noch am Leben gelassen, um dir meine Macht zu zeigen und meinen Namen in der ganzen Welt bekannt zu machen" (2. Mose 9,15-16).

Zu Ijobs schlecht informierten Freunden Elifas, Bildad und Zofar sagte er: „Ich bin zornig auf dich und deine beiden Freunde; denn ihr habt nicht die Wahrheit über mich gesagt wie mein Diener Ijob. Darum holt euch jetzt sieben junge Stiere und sieben Widder, geht damit zu Ijob und opfert sie mir als Brandopfer für eure Schuld" (Ijob 42,7-8).

Und es gibt noch zahlreiche andere Beispiele im Buch der Psalmen. Nachfolgend einige in meinen eigenen Worten:

Ich lag in der Grube, versank im Schlamm, aber Gott hat mich herausgezogen und mich auf Felsengrund gestellt. Psalm 40,3

Ich war erschöpft vom Stöhnen und Weinen, aber Gott hörte mein Schreien und nahm mein Gebet an. Psalm 6,7+9

Ich wanderte im Tal des Todesschattens, aber Gott war an meiner Seite, tröstete mich bei jedem Schritt. Psalm 23,4

Schlimme Zeiten musste ich erleben, viele und bittere, aber Gott erneuerte mein Leben. Psalm 71,20

Ich war gefangen in den Fesseln des Todes, Angst und Verzweiflung quälten mich, aber Gott erwies mir Freundlichkeit, Gerechtigkeit, Sanftmut und Mitgefühl.
Psalm 116,3-6

Zurück zu den Israeliten, die zu Gott beten. Sie haben gerade ihr Elend vor Gott bekannt und fassen ihre Gedanken folgendermaßen zusammen:

Dennoch, Herr: Du bist unser Vater! Wir sind der Ton, du bist der Töpfer; wir alle sind von deiner Hand geschaffen.
Jesaja 64,7

Dies war ein direkter Hinweis auf Gottes Aussagen ein paar Kapitel davor (allerdings waren es damals noch keine Kapitel):

Weh dem, der mit seinem Schöpfer hadert, eine Scherbe un-
ter irdenen Scherben! Spricht denn der Ton zu seinem Töp-
fer: „Was machst du?", und sein Werk: „Du hast keine
Hände!" Weh dem, der zum Vater sagt: „Warum zeugst
du?", und zur Frau: „Warum gebierst du?"
So spricht der HERR, der Heilige Israels und sein Schöpfer:
„Wollt ihr mich zur Rede stellen wegen meiner Söhne? Und
wollt ihr mir Befehl geben wegen des Werkes meiner
Hände?"
Jesaja 45,9-11 (LÜ 84)

Als ich dieses „Wehe" las, wurde mir klar, dass dies eine
Schimpfkanonade war – eine ziemlich kräftige Sprache für
die damalige Zeit. Dieses Wort drückt tiefe Verärgerung
aus, so wie eine Mutter ihr Kind mit absolutem Nachdruck
ausschimpft.

Gottes Zorn ist gerechtfertigt, trotzdem schenkt er seinem Volk das große Aber:

Euch aber, den Leuten von Israel, hilft der Herr, er bringt
euch die endgültige Rettung. Nie und nimmer werdet ihr
enttäuscht werden und untergehen. Jesaja 45,17

Alle Nachkommen Jakobs aber finden bei ihm Rettung und
werden ihn in voller Freude und mit Stolz dafür preisen.
Jesaja 45,25

Als die Israeliten Gott in Jesaja, Kapitel 64, bekannten, sie
nähmen ihre Rolle als Ton an und seien bereit, sich ihm als
Töpfer zu unterwerfen, brachten sie nichts anderes zum
Ausdruck als: „Und würdest du dich bitte an das große Aber
von früher erinnern? Du weißt schon, das Aber, mit dem du
versprochen hast, dass du uns, auch wenn wir treulose und

unvollkommene Menschen sind, mit einer ewigen Erlösung erretten und uns niemals beschämen willst. Du wirst uns nicht in Ungnade fallen lassen und einen Weg finden, uns gerecht zu machen."

Oder mit Worten ausgedrückt, die mir näher sind: „Gott, auch wenn ich Mist gebaut habe, würdest du bitte, bitte dein Versprechen halten und diesen elenden Ton zu einem Gefäß formen, das nützlich und sinnvoll ist, das eine Zukunft und eine Hoffnung hat?"

Und auf wundersame Weise hält Gott seine Versprechen, wann immer seine Kinder ihn darum bitten. Denn weil er derselbe ist gestern, heute und für immer (siehe Hebräer 13,8), kann er sie gar nicht *nicht* halten.

Seit dem 20. April 1999 musste ich mir nach jeder Runde Leid in meinem Leben die schwierige Frage stellen: *Will ich in meinem Leben wirklich Christus ähnlicher werden?* Denn wenn das so ist, dann weiß ich, ich muss mich als Ton wieder in die vertrauenswürdigen Hände des Töpfers legen. Aber diese Entscheidung wird leichter, weil ich gelernt habe, dass es eine andere Seite des Leids gibt, nämlich: „Gott wird das gute Werk, das er bei euch angefangen hat, auch vollenden bis zu dem Tag, an dem Jesus Christus kommt" (Philipper 1,6).

Während ich auch weiter Hoffnung und Sinn in den Nachwehen der schrecklichen Vorfälle suche, die ich erlebt und mitangesehen habe, ist dies mein größter Wunsch geworden: dass Christus sein vollkommenes Werk in mir vollenden möge. Und es ist nicht so wichtig, wie viel Leid ich erleben muss, damit dies geschieht.

Christus ganz ausgeliefert

Ein kommunistischer Offizier sagte zu einem Christen,
den er gerade verprügelte:
„Ich bin allmächtig, wie du von deinem Gott glaubst.
Ich kann dich töten."
Der Christ antwortete:
„Die Macht ist ganz auf meiner Seite.
Ich kann dich lieben, während du mich zu Tode quälst."

DC Talk, Jesus Freaks

Für die meisten Amerikaner gibt es keinen besseren Beweis
für das Böse in unserer Welt als die Ereignisse des 11. September
2001. Viel ist geschrieben worden über diesen
unglaublichen Anblick, die entsetzlichen Szenen, die unvergleichlichen
Heldentaten, die ebenfalls an diesem Tag
vollbracht wurden.

Am 11. September hatte ich gerade mein Studium an der
christlichen Universität von Colorado aufgenommen und
kämpfte mich durch dieselben Probleme, mit denen sich
alle Studenten auseinanderzusetzen haben: Ich musste entscheiden,
was ich mit meinem Leben anfangen wollte,
dachte nach über Fragen nach Liebe und Ehe und musste
mich mit den Veränderungen in den Strukturen meiner Familie
abfinden, nachdem meine Eltern immer weniger Eltern
und mehr Partner für mich wurden. Endlich verlief

mein Leben in etwas ruhigeren Bahnen, und langsam kehrte auch wieder etwas Normalität ein – obwohl es nie wieder so normal werden würde wie vor *Columbine*.

Als die Sonne an jenem 11. September aufging, lag ich noch im Bett und schlief. Ich weiß nicht mehr, warum, aber an jenem Tag fiel es mir unglaublich schwer, aus dem Bett aufzustehen, und es war schon sehr spät, als ich das Radio einschaltete, um beim Anziehen ein wenig Musik zu hören. Sobald der Ton einsetzte, hörte ich die Panik in der Stimme der Moderatorin.

Ich konnte nicht genau verstehen, was gesagt wurde, darum rannte ich ins Wohnzimmer, das ich mit vier Kommilitoninnen teilte, schnappte mir die Fernbedienung und schaltete den Fernseher ein. Bevor ich begriff, was los war, sah ich, wie ein großer Jet in den zweiten Turm des World Trade Centers flog. Jahre zuvor hatte ich als Touristin auf diesen Türmen gestanden, und ich konnte nicht fassen, dass sich diese Szene auf amerikanischem Boden ereignete. *Das ist bestimmt ein Film ... das kann nicht Wirklichkeit sein.*

Meine Mitbewohnerinnen waren bereits zum Unterricht gegangen, aber auf einmal platzte eine von ihnen herein und starrte mich mit glasigen Augen an. Wir waren beide so verwirrt, so verängstigt. Wir weinten und beteten miteinander und saßen wie gebannt vor dem Fernsehgerät, bevor wir beschlossen, zu unserem Uni-Pfarrer zu gehen, um herauszufinden, was da los war. Wir hatten einfach das Bedürfnis, über den schrecklichen Vorfall zu reden und vielleicht nähere Einzelheiten darüber zu erfahren. Wir waren furchtbar durcheinander: *Warum passiert das? Wer tut so etwas? Warum lässt Gott das zu? Sind wir hier in Gefahr?* Die ganze Welt brach über uns zusammen, und auf einmal fühlte ich mich sehr verletzlich, mehr als je zuvor.

Etwa eine Stunde später, als ich bereits meinen Morgenunterricht verpasst hatte, beschloss ich, wenigstens mein drittes Seminar, Mathematik, zu besuchen. Im Fernsehen wurde berichtet, dass sich zahlreiche Menschen aus den Türmen des World Trade Centers in Sicherheit bringen konnten. Unsere Hauptstädte, unser ganzes Land, wurden möglicherweise Ziel eines Angriffs, und noch einmal durchlebte ich dieselbe Todesangst wie damals unter dem Tisch in der *Columbine High*. Irgendwie musste ich mich von den Ereignissen ablenken und da kam mir der Mathematikunterricht gerade recht.

Ich erinnere mich noch, dass ich an jenem Morgen ziemlich böse auf meine Mathematiklehrerin wurde. Obwohl ich ja eigentlich in den Unterricht gekommen war, um mich von den Ereignissen abzulenken, hatte ich den Eindruck, dass sie emotional viel zu wenig beteiligt war. Nach einer kurzen Bemerkung zu den Ereignissen in New York City drehte sie sich zur Tafel um und sagte: „Gut, dann wollen wir uns jetzt unseren Mathematikaufgaben zuwenden!"

Ich hatte mehr erwartet. Ich brauchte auch mehr. Und deshalb rastete ich aus.

Ich hatte nicht bewusst eine Szene machen wollen; ich sprang einfach auf und schrie meine Professorin an. Ich warf ihr vor, gefühllos zu sein, und sagte ihr, jeder, der recht bei Verstand sei, wüsste, dass wir jetzt zu Hause vor unseren Fernsehgeräten sitzen, die Berichterstattung verfolgen und Gott um Gnade für unser Land und unsere Freunde in New York bitten sollten. Meine fünfundzwanzig Kommilitonen waren entsetzt.

„Dies ist ein christliches College!", rief ich. „Wird hier denn nicht gebetet? Gehen uns solche Vorfälle denn nicht zu Herzen? Ich kann nicht mehr!" Und damit stürmte ich aus dem Seminarraum.

Mein Freund Pete Miller (der später mein Ehemann wurde) erzählte mir nachher, der Unterricht sei nach meinem netten Abgang ausgefallen. Offensichtlich war die Lehrerin über meinen Ausbruch ziemlich geschockt.

Ich rannte nach Hause, stürmte in die Wohnung und hängte mich vor das Fernsehgerät, entschlossen, mir die Berichterstattung anzusehen, zu fasten und für die Menschen zu beten, die auf so tragische Weise Opfer des Terrorismus geworden waren. Nach etwa einer Stunde hatten sich auch meine Mitbewohnerinnen und ihre Freunde in unserem Wohnzimmer eingefunden. Irgendwie schienen sie den Ernst der Lage nicht zu erfassen. Ich zog mich zurück, da ich wusste, dass ein weiterer Ausbruch drohte, wenn ich nicht vorsichtig war. Meine Augen, meine Wangen und meine Nase waren gerötet vom Weinen. Den ganzen Nachmittag verkroch ich mich in meinem Zimmer.

Später am Abend hörte ich, wie die jungen Leute im Wohnzimmer wieder zur Tagesordnung zurückkehrten. Sie plauderten und lachten über die Dinge, über die Freunde eben miteinander lachen. Für mich war das pietätlos. Der Angriff auf unser Land schien sie nicht weiter zu berühren. Ich ärgerte mich ziemlich über die Gefühllosigkeit meiner Freunde.

Eine schwere Last hatte sich auf meine Schultern gelegt. Vielleicht wegen *Columbine*, ich weiß es nicht. Aber was immer auch der Grund dafür war, ich war sehr traurig über das, was passiert war, und gleichzeitig unglaublich enttäuscht von meinen Freunden – und auch von meiner ganzen „christlichen" Schule.

Nachdem sich der Staub des 11. September gelegt hatte, wurde in mir der Wunsch, nach New York City zu reisen, immer stärker. Ich wollte mithelfen, die Trümmer zu beseitigen, mit den Menschen beten, die Angehörige verloren hatten, Männer, Frauen und Kinder umarmen, die noch keine Informationen über den Verbleib ihrer Ehepartner, Väter, Mütter, Mitarbeiter und Freunde erhalten hatten.

Wochenlang nahm ich gierig alle Informationen in mich auf, die ich zu den terroristischen Angriffen bekommen konnte. Wenn ich schon nicht helfen konnte, wollte ich wenigstens informiert sein.

In dem verzweifelten Wunsch, geistlichen Grund unter meine Füße zu bekommen, las ich immer wieder eine Stelle aus der Bibel, an die ich mich seit den traumatischen Ereignissen in *Columbine* schon häufiger geklammert hatte:

Wir wissen ja: Wenn das irdische Zelt, in dem wir jetzt leben, nämlich unser Körper, abgebrochen wird, hat Gott eine andere Behausung für uns bereit: ein Haus im Himmel, das nicht von Menschen gebaut ist und das in Ewigkeit bestehen bleibt. Weil wir das wissen, stöhnen wir und sehnen uns danach, mit dieser himmlischen Behausung umkleidet zu werden. Sonst würden wir ja nackt dastehen, wenn wir den irdischen Körper ablegen müssen. Ja, wir sind bedrückt und stöhnen, solange wir noch in diesem Körper leben, denn wir wollen ja nicht von unserem sterblichen Körper befreit werden, um dann nackt dazustehen; wir wollen in den unvergänglichen Körper hineinschlüpfen. Was an uns vergänglich ist, soll vom Leben verschlungen werden. Wir werden auch an dieses Ziel gelangen, denn Gott selbst hat in uns die Voraussetzung dafür geschaffen: Er hat uns ja schon als Anzahlung auf das ewige Leben seinen Geist gegeben.
2. Korinther 5,1-5

Wir tragen schwere Lasten und stöhnen, so heißt es im Text. Meine Gedanken wanderten zurück zu einem Land, wo das Stöhnen sehr deutlich zu hören war: dem „Kosovo" für die westliche Welt, „Kosova" für die Einheimischen. In den zwei Jahren vor dem 11. September hatte ich jeweils zwei Wochen im Dezember in diesem vom Krieg zerrütteten Land verbracht. Ich hatte die Verwüstung gesehen, die sich auf die Lebensqualität der Menschen auswirkte. In ihren Augen war die Angst vor dem Krieg zu lesen. *Erwartet uns jetzt dasselbe Elend? Auf amerikanischem Boden?* Ich wusste es nicht, aber ich erinnerte mich, was ich von den Menschen im Kosovo gelernt hatte: Trotz des Leides, das sie erlitten hatten, war ihre Hoffnung nicht vergeblich. Sie konnten Gottes Versprechen, dass eine hellere Zukunft auf sie wartete, vertrauen.

Antwort auf einen göttlichen Ruf

Unmittelbar nach den Ereignissen in der *Columbine High* spielte Reverend Franklin Graham eine wichtige Rolle bei der Suche unserer Stadt nach Hoffnung und Heilung. Er war sogar bereit, in unserer Stadt einen Gedenkgottesdienst zu Ehren der Verstorbenen abzuhalten. Der Sohn von Dr. Billy Graham und zukünftige Leiter der *Billy Graham Evangelistic Association* war zusammen mit anderen bekannten Führern wie Vizepräsident Al Gore und dem Staatssekretär Colin Powell bereit, in unsere Stadt zu kommen, um uns ihre Anteilnahme zu zeigen. Dafür hatten sie alle anderen Termine abgesagt.

Gleichzeitig stellte Reverend Graham ein Team zusammen, das Ende 1999 in den Kosovo reisen sollte, wo der Krieg zwischen Serben und Albanern endlich zu Ende gegangen war. Zu dem Team sollten auch Schüler von *Columbine* und anderen Schulen gehören, an denen es Gewaltausbrüche gegeben hatte. Reverend Graham war wichtig, dass die Mitglieder des Teams den Kindern im Kosovo mit aufrichtigem Mitgefühl begegnen, aber er wusste auch, dass die Reise für uns, die wir uns Notleidenden liebevoll zuwenden wollten, eine therapeutische Wirkung haben würde. Und natürlich hatte er recht. Der Einsatz für die Aktion *Weihnachten im Schuhkarton*, eine Initiative von *Samaritan's Purse*, war genau das Richtige für mich, denn ich liebte kleine Kinder sehr.

Sobald ich die Bestätigung bekam, dass ich zum Team gehörte, rührte ich in *Littleton* die Werbetrommel für die Aktion *Weihnachten im Schuhkarton*. Ich stellte das Projekt in unserer Gemeinde vor und erklärte, wie die Verteilung der Schuhkartons vor sich gehen sollte, und bat die Gemeindemitglieder, mir zu helfen, möglichst viele Schuhkartons mit nützlichen Gegenständen wie Zahnbürsten, Zahnpasta und warmen Socken, Schulsachen, kleinen Spielzeugen und Malbüchern zu füllen, die wir selbst kaufen würden. Ich erzählte allen in unserer Nachbarschaft davon und nahm sogar einen Musterkarton mit in die Schule. Es war eine wunderbare Zeit. Das Engagement für ein Projekt, das Kindern auf der anderen Seite der Erdkugel Freude und Heilung bringen sollte, wirkte sich auch heilsam auf mein Befinden aus. Ich hatte das Gefühl, ein wenig von dem zurückgeben zu können, was die Welt *Columbine* an Anteilnahme, Unterstützung und Mitgefühl geschenkt hatte.

Vor unserer Abreise in den Kosovo hielt ich zusammen mit den anderen Teammitgliedern eine Pressekonferenz ab. Ich erinnere mich, zwei Verse aus der Offenbarung zitiert zu haben:

Sie werden keinen Hunger oder Durst mehr haben; weder die Sonne noch irgendeine Glut wird sie versengen. Das Lamm in der Mitte des Thrones wird ihr Hirte sein und sie an die Quellen führen, deren Wasser Leben spendet. Und Gott wird alle ihre Tränen abwischen.
Offenbarung 7,16-17

Das ist tatsächlich möglich, nicht, Gott?, dachte ich. *Eines Tages wirst du für immer den Hunger, den Durst, den Schmerz, das Leid, die Tränen wegnehmen. Du wirst uns strahlende Farben zeigen, die wir noch nie zuvor gesehen haben. Du wirst uns vollkommene, engelsgleiche Stimmen schenken, die dich loben. Du wirst uns mit Freunden und Angehörigen vereinen, deren Zeit auf dieser Erde zu kurz gewesen ist. Du wirst alles neu machen.* Die Aussicht auf den Himmel gab mir die benötigte Vision und Kraft, mich hier auf der Erde zu engagieren.

Das bekräftigte ich später in meinem Herzen, als ich mir die Aufnahme einer Predigt mit dem Titel *Doing Missions When Dying Is Gain*[1] anhörte. Sie wurde von John Piper anlässlich eines Besuchs im *Wheaton College* gehalten und war die herausforderndste Botschaft, die ich je gehört habe zu dem Thema, was es bedeutet, Jesus Christus nachzufolgen. „Das Versprechen gilt, der Preis ist Leiden, aber die Belohnung ist Zufriedenheit", notierte ich mir. Ich lauschte gebannt jedem Wort von John Piper.

Seine Erklärung der Begriffe rührte mich an. Ich konnte kaum still sitzen, denn ich spürte Gottes sanftes Rufen, mein Leben in den vollzeitlichen Dienst zu stellen. Von ganzem Herzen glaubte ich, was ich hörte: Gott versprach uns Wachstum in Christus. Und es stimmte, dass der Lohn für unser Bemühen – Gottes Lob „Gut gemacht, du guter und treuer Knecht" (Matthäus 25,21) – eines Tages vermutlich allein die tiefste Sehnsucht meiner Seele zufriedenstellen konnte. Aber es stimmte auch, dass der Preis für ein Leben im Dienst Gottes Leiden sein würde.

Mit großer Naivität in Bezug auf die Menge und die Art des Leidens, die der Dienst mit sich bringen würde, beschloss ich hier und jetzt: *Das gilt für mich!* Die Tragödie von *Columbine* und das damit verbundene nationale Interesse weckten in mir den tiefen Wunsch, mich für etwas Sinnvolles zu engagieren. Jetzt, Monate nach der Tragödie, zeigte Gott mir, was dieses „Etwas" war – ein Herz für internationale Wohltätigkeits- und Missionsarbeit.

Der Kosovo wartete. Und ich war bereit zu gehen.

Während dieser speziellen Reise war mein Vater als Team-
führer der Erwachsenen dabei – darüber freute ich mich
sehr. Vollkommen erschöpft trafen wir nach dem Flug von
Denver über Atlanta und Zürich endlich in Mazedonien
ein. Dort warteten die anderen Teammitglieder auf uns und
gemeinsam stiegen wir in den Bus für die lange Fahrt nach
Gjakova im Kosovo.

Der Anblick, der sich mir durch das Busfenster bot, war
beispielhaft für die massiven Verwüstungen im Land. Gebäude waren niedergebrannt. In den Gesichtern der Einheimischen waren die Auswirkungen des Krieges zu lesen –
Gesichter, die seit Monaten nicht mehr gelächelt hatten.
Alle fünfzig Meter waren Militäreinheiten stationiert, und
die von den Bomben zerstörten Straßen waren kaum be-
fahrbar. Kriegsflüchtlinge lebten in beklagenswerten Zu-
ständen – sie wagten nicht einmal, durch ihre eigenen Fel-
der zu laufen aus Angst, auf verirrte Landminen zu treten.

*Einige Menschen erleben ihr Columbine vierundzwanzig
Stunden am Tag*, dachte ich und rief mir in Erinnerung, dass
mein *Columbine* nur sieben Minuten gedauert hatte. Das
Herz tat mir weh, als mir klar wurde, dass diese Menschen
ganz im Gegensatz zu meinen Erfahrungen nach *Columbine*
keinerlei Hilfssysteme, keine warmen Betten, keine Hei-
zung, keine Gemeinschaft hatten und ohne die Gewissheit
lebten, dass eine Zukunft und eine Hoffnung auf sie warteten.

Ich war sicher, dass diese Menschen durch die Gnade
Gottes mir viel mehr beibringen konnten, wie man eine
Tragödie überwindet, als ich selbst darüber bisher gelernt
hatte.

Seelenverwandtschaft

Die Geschichte von Elia im ersten Buch der Könige hat mich schon immer fasziniert. Elia hatte treu dem Herrn gedient und war am Ende seiner Kräfte angekommen. Doch Gott machte ihm keine Vorwürfe, sondern zeigte ihm Erbarmen. Er gab Elia zu essen und ließ ihn ausruhen. Er zeigte Elia seine majestätische Gegenwart durch eine kleine, leise Stimme. Aber besonders angerührt an dieser Geschichte hat mich, dass Gott Elia sogar einen Freund schenkte – seinen Diener Elisa. Einen Menschen, der die Last des Lebens mittragen konnte.

Dieses Geschenk hat Gott mir in Donika gemacht.

An meinem ersten Tag im Kosovo hielt unser Team in einem Dorf an. Die hinteren Türen gingen auf und davor stand eine faszinierende junge Frau mit langen schwarzen Haaren. Sie stieg in unseren Van ein und fing sofort an, mit uns zu plaudern. Ihre Augen waren dunkelbraun und ihr Lächeln war einfach bezaubernd. Und außerdem sprach sie ein hervorragendes Englisch – eine ganz unerwartete Beigabe! Sie stieg über Arme, Beine und Taschen hinweg und ließ sich auf den Sitz neben mir fallen, und von dem Augenblick an waren wir unzertrennlich.

Donika war für die Zeit unseres Aufenthaltes im Kosovo meine Dolmetscherin, aber wichtiger noch, sie wurde meine Freundin. Das ganze Team merkte, dass wir „Seelenverwandte" waren, eine Anspielung auf *Anne auf Green Gables.* Noch bevor wir die Erlebnisse der anderen kannten, war die innere Bindung da. Als wir uns dann schließlich erzählten, was wir erlebt hatten, vertiefte das nur unsere Beziehung und den Respekt voreinander.

Als ich eines Tages in Donikas Garten stand, erzählte sie mir von ihren Erlebnissen. *Samaritan's Purse* hatte ihrer Familie geholfen, ihr Heim wieder aufzubauen, nachdem es während des Krieges abgebrannt war. Wochenlang hatten sich Donika, ihre Eltern, ihre Brüder und mehrere Verwandte in ihrem Haus vor dem Feind versteckt, der sie alle töten wollte.

Sie lebten in dem dunklen, kalten und feuchten Haus mit kaum etwas zu essen oder zu trinken. Nur ab und zu einmal, wenn die Müdigkeit sie überwältigte, gaben sie ihrem Bedürfnis zu schlafen nach – alle hatten viel zu große Angst, die Augen zu schließen. Viel Energie war nötig, um Donikas Bruder Liridon ruhig zu halten, der noch ein Baby war. Wenn sie sich verstecken wollten, bis der Krieg zu Ende war, durfte er keinen Ton von sich geben.

Eines Abends drang die Polizei in ihr Haus ein und einer von Donikas Brüdern wurde festgenommen. Die Männer drohten, das Haus niederzubrennen und den Bruder zu töten, wenn Donikas Vater nicht aus seinem Versteck herauskäme.

„Habt ihr keine Mütter?", schrie Donikas Mutter.

Es war, als flehte sie sie an: *Schämt ihr euch denn nicht? Wie könnt ihr auf so grausame Weise ein Kind von seinen Eltern trennen?*

Getrieben von der Liebe zu seinem Sohn erklärte sich ihr Vater bereit, sich der Polizei zu stellen. Der Junge wurde freigelassen und daraufhin floh Donikas gesamte Familie – außer ihrem Vater – durch die Nacht nach Albanien. Bei jedem Schritt hörten sie Rufe und Schüsse und die Explosionen von Minen. Sie froren, Hunger und Angst quälten sie.

Mehrere Wochen lebten sie in einem albanischen Flüchtlingslager, bevor sie wieder heimkehren konnten. Doch ihr gesamter Besitz war niedergebrannt worden. In ihrem kleinen Hof fanden sie Blutspuren, Einschusslöcher von Kugeln und verstreute Knochen.

Über den Verbleib von Donikas Vater war noch immer nichts bekannt. Unser Gespräch fand sieben Monate nach seiner Festnahme statt, aber noch immer hält sie an der Hoffnung fest, dass er eines Tages zurückkommen wird.

„Die Leere, die mein Vater hinterlassen hat, wurde durch Gott gefüllt", vertraute sie mir neulich an. „Wann immer ich mich nach einer Umarmung von meinem Vater sehne, spüre ich, wie Gott seine Arme um mich legt und mich tröstet."

Hoffnung weitergeben

Ich nahm Donikas Geschichte mit, als unser Team junge Opfer in den vom Krieg verwüsteten Städten besuchte. Unsere Aufgabe war einfach: Wir brachten ganze Wagenladungen mit prall gefüllten Schuhkartons zu den Kindern, um ihnen zu zeigen, dass es Menschen gibt, denen sie am Herzen liegen, und einen Gott, der sie liebt, der ihnen Frieden schenken möchte und der größer ist als ihre armseligen Umstände. Für viele dieser Kinder war die Tatsache, dass sie die Puppe oder das Spielzeugauto bekamen, das sie sich schon lange gewünscht hatten, genau der Anstoß, den sie brauchten, um zu glauben, dass Gott sich wirklich um sie kümmerte.

Unser Team besuchte auch eine Schule im Kosovo, die von einer anderen Gruppe von *Samaritan's Purse* wieder aufgebaut worden war. Es war ein sonniger Tag, und die Kinder hatten sich ordentlich in Reihen aufgestellt, um ihre Geschenke entgegenzunehmen. Noch nie habe ich so viele gut erzogene Kinder gesehen!

Ich begann die Schachteln zu verteilen und folgte den Kindern dann in die Schule, um ihnen zu helfen, ihre Geschenke zu öffnen. Ein kleiner Junge strahlte über das ganze Gesicht. Doch auch schon bevor ich ihm sein Geschenk aushändigte, hatte ein Lächeln auf seinem Gesicht gelegen. Ist es zu glauben, dass er, nach allem, was diese kleinen Augen gesehen hatten, immer noch ein fröhliches Lächeln im Herzen hatte? Ich dachte an die Hilfe, die ich nach den Ereignissen in *Columbine* erhalten hatte, doch wie um alles in der Welt sollte er in seinem zarten Alter die Auswirkungen des Krieges verarbeiten?

Aber da waren auch andere, die nicht so einfach lächelten. Mein Vater hatte mir einen Schal gegeben, den ich einem ganz besonderen Kind schenken sollte. Aufmerksam suchte ich die Menge ab, bis ich das richtige Kind fand. Der Junge saß ganz allein in einem der Klassenräume. Ich ging auf ihn zu und versuchte, mich mit ihm zu verständigen. Er war so niedergeschlagen, so traurig. Ich blieb bei ihm sitzen und wartete vergeblich darauf, dass seine Lippen sich zu einem Lächeln verzogen. Doch wie bei so vielen anderen Gelegenheiten zeigte sich, dass die traumatischen Erlebnisse in *Columbine* mich auf die Begegnung mit den Kindern aus dem Kosovo vorbereitet hatten, die einen so unglaublichen Verlust erlitten haben. Ich respektierte ihr Bedürfnis nach Einsamkeit, wenn sie sich zurückzogen, genoss aber auch die Gelegenheit, sie zu umarmen und mit ihnen zu lachen, wenn sie dazu bereit waren.

Wenn Donika nicht für mich dolmetschen konnte, freute ich mich über die Herausforderung, mich mit Händen und Füßen mit den Kindern zu verständigen. Ein Junge fand zum Beispiel eine Zahnbürste in seinem Karton, umklammerte sie und reckte die Hand in die Luft. Ich hielt ihm meine Hand hin, damit er die Zahnbürste hineinlegte, und machte ihm vor, wie er damit seine Zähne putzen konnte, auf und ab, auf und ab. Er lachte und nahm sein Geschenk wieder an sich. Mit Spielzeugautos fuhr ich über die kleinen Arme und Beine. Plüschtiere luden immer zu kleinen Nasenstübern und sanften Umarmungen ein.

In jedem Schuhkarton lag ein kleines Traktat mit der

Botschaft von Jesus in der Muttersprache des Kindes und bei vielen auch ein persönlicher Brief von der Person, die das jeweilige Geschenk vorbereitet hatte. Als wir diese Schuhkartons einmal in einem Krankenhaus verteilten, kam ein Mann zu uns, der uns dabei beobachtet hatte, und nahm sich eines der Traktate. Kurz darauf kamen wir zufällig in sein Zimmer. Er saß auf seinem Bett vor einem kleinen Fenster und las das Traktat. Ein Ausdruck des Friedens legte sich auf sein Gesicht und bis heute frage ich mich, ob dieses kleine Samenkorn wohl in seinem Herzen Wurzeln geschlagen hatte. Ich möchte gern glauben, dass das so ist.

Willkommen in der Familie

Während meiner ersten Reise in den Kosovo hatte ich das Vorrecht, Donika und ihrer Familie von meinem Glauben zu erzählen. Ich erklärte, dass ich nach *Columbine* keine Hoffnung mehr empfunden hätte, aber dass Jesus treu gewesen sei und ich gelernt hätte, allein von ihm Heilung und Stabilität zu erwarten. Langsam erklärte ich, was es bedeutete, mit Christus zu gehen – Freundschaft mit dem König des Universums zu schließen –, und Donika übersetzte jedes Wort für ihre Familie.

Im folgenden Jahr übernachtete ich bei einer weiteren Verteilaktion von *Weihnachten im Schuhkarton* bei Donika in *Meja*, ihrem Heimatdorf. Ein paar Monate zuvor hatte Donika mich in Amerika besucht. Während dieses Besuchs hatten wir viel Zeit zum Reden, Lachen und Spielen. Wir haben uns in Disney World vergnügt und haben Wanderungen in die Berge meines Heimatstaates Colorado gemacht. Jetzt waren die Rollen vertauscht, und sie beherbergte mich in ihrem Heim.

Als wir uns mit ihrer Familie in einem nur von Kerzen erleuchteten Raum zusammensetzten, erfuhr ich, dass Donika und ihre Familie Christus in ihr Leben aufgenommen hatten. Er sollte nun ihr Leben bestimmen. Diesen Augenblick werde ich nie vergessen. Sie hatten erkannt, dass sie einen himmlischen Vater haben, der sie liebt und sie nie verlassen wird, auch wenn ihr irdischer Vater nicht mehr zurückkommen sollte! Die Familie, die jede Mahlzeit gemeinsam einnahm, auf Matten in zwei kleinen Zimmern schlief und sich vorbehaltlos gegenseitig unterstützte, den Verlust von lieben Menschen gemeinsam betrauerte und gemeinsam ihr Dorf wieder aufbaute – *diese* Familie würde nun gemeinsam die Ewigkeit in der Gegenwart des Gottes verbringen, der versprochen hatte, allen Schmerz, jedes Leid, alle Verwirrung und Furcht wegzunehmen. Und natürlich ihre Tränen.

Donika lehrte mich, was es bedeutete, voller Begeisterung Christus nachzufolgen. Von ihr lernte ich Geduld und Ausharren im Leid. Der unerträgliche Schmerz nach den schlimmen Erlebnissen des Krieges zeigte sich nach wie vor in ihren Augen, aber meine Freundin und ihre Familie hatten endlich einen Grund gefunden weiterzumachen.

Mehrere Monate nach meiner Rückkehr aus dem Kosovo erreichte mich ein Luftpostbrief. Als ich den Absender las, begann ich zu strahlen: Donika Sokoli war zu lesen. Ich riss den Umschlag mit den roten und blauen diagonalen Streifen auf und fand zwei Briefe, zwei Zeichnungen und ein Foto.

Es war ein wunderschönes Foto von einer weiß-roten Kolumbine. Tränen begannen mir über die Wangen zu fließen, als ich mich in meinem Zimmer auf den Boden setzte und zu lesen begann. Voller Begeisterung berichtete sie von ihren Erlebnissen in den vergangenen Monaten, von Fragen, die sie beschäftigten, und sie schmiedete Pläne für zukünftige Treffen. Ihre Zeichnungen waren in kunstvoller Schrift mit Bibelversen unterlegt, die ihr viel bedeuteten.

Du bist mein Zufluchtsort. Du wirst mich vor Schaden be-
wahren, o Herr, und mich mit Liedern der Befreiung umge-
ben. Sela. Liebe Freunde, lasst uns einander lieben, denn
die Liebe kommt von Gott. Seid stark und mutig, ihr alle, die
ihr auf den Herrn hofft. Und möge der Herr allen Friedens
euch Frieden geben zu aller Zeit und auf jede erdenkliche
Weise. Der Herr sei mit euch allen.

Voller Freude dachte ich darüber nach, wie sehr ein
Mensch, der gerade erst sein Leben Jesus anvertraut hat,
über solche Verse staunen muss, wenn er sie zum ersten
Mal liest. Vor meiner Abreise hatte ich Donika eine Bibel
geschenkt, und in ihrem Brief bedankte sie sich noch einmal
sehr herzlich dafür.

Meine liebe Crystal,
hallo aus dem Kosovo … und aus meinem Herzen. Ich hoffe,
es geht Dir gut und Du bist glücklich in Deinem Leben. Zu-
erst einmal möchte ich Dir danken für die Bibel. Auf fast al-
len Seiten kann ich mich wiederfinden. Und auf diese
Weise bin ich immer mehr mit Dir verbunden durch die
Worte Jesu in dieser Bibel. Ich bete für Dich und Deine Fa-
milie. Ich vermisse Euch so!

Donika beendete ihren Brief mit einem Vers aus Kolosser
2,8, in dem es heißt:

Gebt acht, dass euch niemand mit der leeren Vorspiegelung
einfängt, euch die wahre Religion zu bringen. Das beruht
doch alles auf Menschenlehren und hat nur mit den kosmi-
schen Mächten zu tun, aber nicht mit Christus.

Anschließend schloss sie mit dem Satz:

Ich lerne, dass ich mich nicht auf die Dinge dieser Welt kon-
zentrieren soll, die nur leer sind und ins Nichts führen, son-
dern auf das, was Jesus gesagt hat, und das dann auch zu
tun.

Bis heute bin ich davon überzeugt, dass ich liebevoll von
Gott selbst auserwählt worden bin, so schnell nach meiner
Erfahrung in *Columbine* in den Kosovo zu reisen. Und
meine Erfahrungen, die ich mit den Familien, den Kindern,
mit den anderen Mitgliedern meines Teams und mit meiner
Seelenverwandten Donika machen durfte, werden mich
mein Leben lang begleiten. Das Leid der Menschen im Kosovo hat mich tief berührt und ich habe Heilung erfahren.
Ihre Armut hat mich Zufriedenheit gelehrt. Ihr vom Krieg
überschattetes Lächeln hat mich Freude gelehrt. Und ihre
Gefangenschaft hat mir gezeigt, was es heißt, sich Christus
ganz auszuliefern.

Helden der Hoffnung

Aber dies alles, was mir früher als großer Vorzug erschien,
habe ich durch Christus als Nachteil und Schaden erkannt.
Ich betrachte überhaupt alles andere als Verlust im
Vergleich mit dem überwältigenden Gewinn,
dass ich Jesus Christus als meinen Herrn kenne.
Durch ihn hat für mich alles andere seinen Wert verloren,
ja, ich halte es für bloßen Dreck.
Nur noch Christus besitzt für mich einen Wert.
Zu ihm möchte ich um jeden Preis gehören.
Deshalb will ich nicht mehr durch mein eigenes Tun
vor Gott als gerecht bestehen.
Ich suche nicht meine eigene Gerechtigkeit,
die aus der Befolgung des Gesetzes kommt,
sondern die Gerechtigkeit, die von Gott kommt
und denen geschenkt wird, die glauben.
Ich möchte vor Gott als gerecht bestehen,
indem ich mich in vertrauendem Glauben auf das verlasse,
was er durch Christus für mich getan hat.
Ich möchte nichts anderes mehr kennen als Christus,
damit ich die Kraft seiner Auferstehung erfahre.
Ich teile mit ihm sein Leiden und seinen Tod.
In der Hoffnung, dass ich wie er
zur Auferstehung der Toten gelange.

PHILIPPER 3,7-11

„Bist du ein Truthahn oder ein Adler?"

Diese Frage las ich einmal in einem Buch mit dem Titel *Warum?* von der Autorin und Referentin Anne Graham Lotz. Diese Frage machte mich neugierig, und ich las den nächsten Abschnitt, in dem sie erklärte, was meine Antwort darauf bedeuten könnte.

> *„Truthahn und Adler reagieren ganz unterschiedlich auf die drohende Gefahr durch einen Sturm"*, schreibt Lotz. *„Ein Truthahn versteckt sich in der Scheune und hofft, der Sturm würde über ihn hinweggehen. Der Adler dagegen verlässt die Sicherheit seines Nests, breitet seine Flügel aus und überlässt sich den Luftströmen des herannahenden Sturms, weil er weiß, dass sie ihn höher in den Himmel tragen, als er von selbst fliegen könnte. Also, was bist du – ein Truthahn oder ein Adler?"*[1]

Es gibt keinen Zweifel daran, dass wir zerbrochene Menschen in einer gefallenen Welt sind. Beispiele dafür gibt es zuhauf: ein zorniger Teenager mit einer Pistole in der Hand, ein religiöser Radikaler, der sich eine Bombe um den Körper gebunden hat, oder ein Betrunkener, der am Steuer seines Wagens sitzt. Oder auch ein Vater, der sein Kind missbraucht, ein untreuer Ehepartner oder ein verantwortungsloser Vorgesetzter oder ein Freund, der dich betrügt. Enttäuschungen erleben wir in Fülle: den Tod eines Traums, den Tod eines geliebten Menschen, den Tod eines Haustiers. Leid, Versuchungen und Enttäuschungen hinterlassen ihre Spuren bei uns, die einen mehr, die anderen weniger, aber wir alle müssen mit den Nachwirkungen fertig werden.

Nach dem Leid, das ich erfahren hatte, fragte ich mich, welchem Vogel ich ähnlicher sei. War ich in Deckung gegangen und flehte Gott an, den Sturm abzuwenden, oder hatte ich meine Flügel weit ausgebreitet in der Zuversicht, dass ich hoch über die wirbelnden Winde und den prasselnden Regen aufsteigen würde?

Das Vermächtnis eines Adlers

In den Versen aus dem Brief an die Philipper, die diesem Kapitel vorangehen, kommen in der Sprache des Paulus ein unverkennbarer Schmerz, ein gewisses Vorwärtsdrängen zum Ausdruck. Paulus brüstete sich ohne Scham der vielen Anfechtungen und Trübsale, die er erlitten hat. Er hatte hart gearbeitet und hatte mehrmals im Gefängnis gesessen. Aber er hatte die Hoffnung nicht aufgegeben. Fünfmal, sagt er, habe er neununddreißig Peitschenhiebe bekommen. Doch er gab die Hoffnung nicht auf. Dreimal wurde er mit einer Rute geschlagen, einmal wurde er von einer zornigen Menge gesteinigt (was normalerweise zum Tod führte) und dreimal erlitt er Schiffbruch. Aber er gab die Hoffnung nicht auf. Er musste einmal vierundzwanzig Stunden im Meer treiben, er überlebte einen beinahe tödlichen Unfall auf einem reißenden Fluss, und er entkam Räubern, seinen eigenen Landsleuten und Heiden, die ihn töten wollten. Aber er gab die Hoffnung nicht auf (siehe 2. Korinther 11,24-26).

Paulus fasst sein Leiden zusammen mit den Worten:

Es gab Gefahren in Städten und in Einöden, Gefahren auf hoher See und Gefahren bei falschen Brüdern. Ich hatte Mühe und Not und oftmals schlaflose Nächte. Ich war hungrig und durstig, oft hatte ich tagelang nichts zu essen. Ich fror und hatte nichts Warmes anzuziehen. Ich könnte noch vieles aufzählen, aber ich will nur noch eins nennen: die Sorge um alle Gemeinden, die mir täglich zu schaffen

*macht. Wenn irgendwo jemand schwach ist, bin ich es mit
ihm. Und wenn jemand an Gott irrewird, brennt es für mich
wie Feuer. Wenn schon geprahlt werden muss, will ich mit
meiner Schwäche prahlen.* 2. Korinther 11,26-30

Wenn jemand mit einem Adler zu vergleichen ist, dann der
Apostel Paulus! Er war ein hervorragendes Beispiel für ei-
nen Menschen, der die drohenden Stürme des Lebens als
Chancen zu fliegen genutzt hat. Und er rühmte sich der
Kraft Christi in den Zeiten seiner größten Schwachheit.

Ich sollte vielleicht noch erwähnen, dass er auch ein-
oder zweimal um Gnade gefleht hat (eigentlich dreimal, um
genau zu sein). Im zweiten Korintherbrief, Kapitel 12, in
den Versen 7-9 lesen wir Folgendes:

*Ich habe unbeschreibliche Dinge geschaut. Aber damit ich
mir nichts darauf einbilde, hat Gott mir einen „Stachel ins
Fleisch" gegeben: Ein Engel des Satans darf mich mit Fäus-
ten schlagen, damit ich nicht überheblich werde. Dreimal
habe ich zum Herrn gebetet, dass der Satansengel von mir
ablässt. Aber der Herr hat zu mir gesagt: „Du brauchst nicht
mehr als meine Gnade. Je schwächer du bist, desto stärker
erweist sich an dir meine Kraft."*
*Jetzt trage ich meine Schwäche gern, ja, ich bin stolz darauf,
weil dann Christus seine Kraft an mir erweisen kann.*

Niemand weiß genau, was dieser Stachel war. War es ein
körperlicher Schmerz oder eine Behinderung? Eine emotionale Wunde? Eine Abhängigkeit oder eine gewohnheitsmä-
ßige Sünde? Den Kommentatoren zufolge könnte es fast alles gewesen sein, und ich finde es sehr raffiniert, dass dieser
Punkt unserer Fantasie überlassen ist.

Was immer es war, Paulus wollte diesen Stachel nicht.
Aber irgendwie fand er sich damit ab, dass er durch diese

Beeinträchtigung eine Seite von Gottes Wesen kennenlernte, die ihm vorher unbekannt war. Im Vers 9 lesen wir, dass Christi Kraft in ihm mächtig werden konnte, weil er mit diesem Stachel zu kämpfen hatte.

Die Entscheidung für die Hoffnung

Wenn ich über meine eigene Reise nachdenke, dann kann ich Paulus' Kampf nachempfinden. Wie oft betete ich zu Gott:

Kannst du meinen Schmerz, meine Not, meine Erinnerungen denn nicht einfach wegnehmen? Kannst du denn mein Leben nicht einfach so wiederherstellen, wie es vor Columbine gewesen ist, bevor meine Familie auseinanderbrach, bevor sich mir Bilder einprägten, die ich wünschte, nie gesehen zu haben? Sie sind Dornen in meinem Fleisch, Gott ... bitte nimm sie fort!

Natürlich hat Gott das nicht getan. Aber im Laufe der Jahre stellte ich fest, dass mir Gottes Antlitz deutlicher wurde, dass ich seine Gegenwart besser spürte, seine Hand auf meinem Leben stärker wahrnahm, wenn ich durch Leiden ging.

Was wollte er mir sagen? Musste ich tatsächlich ein Leben führen, das von solch abgrundtiefer Enttäuschung bestimmt war?

Nach *Columbine* wusste ich, dass es so nicht weitergehen konnte. War das mein Lebenssinn? Ich hatte mich in einen wandelnden, sprechenden Widerspruch verwandelt. Entweder ich fand Befreiung von dem, was mich quälte, oder ich würde mich in eine Ecke verkriechen und sterben. Ich lebte in einem Spannungsfeld, denn eigentlich wollte ich ja leben, aber ich wünschte mir auch zu sterben. Irgendwie musste diese Spannung gelöst werden, doch ich wollte die „Lösungen", die mir angeboten wurden, nicht hören:

„Du brauchst nur zu beten, Crystal. Sprich mit Gott – er wird dich hören."

„Es gibt einen Grund für all dies, Schatz. Warte nur ab. Gott wird es dir zeigen."

„Wir verstehen Gottes Wege nicht, aber er hat versprochen, dass alle Dinge zum Besten zusammenwirken."

Puh.

Lange Zeit waren diese Sprüche, mit denen ich bombardiert wurde, für mich nichts weiter als leere Phrasen.

Doch in den langen Minuten, Tagen, Monaten und Jahren, die ins Land zogen, entwickelte ich eine tiefe und bleibende Wertschätzung für diese „nutzlosen" Antworten, die ich früher verworfen hatte. Auf einmal war es, als wären meine Augen aufgetan, die Stöpsel aus meinen Ohren genommen und mein Herz empfänglich gemacht worden für die Wahrheit, die immer zur Verfügung gestanden hatte: Die Entscheidung lag bei mir. Die Hoffnung war immer da gewesen, vor meiner Nase, und ich hätte mich nur für sie entscheiden müssen. Ich hatte die Wahl.

Etwa um diese Zeit stieß ich auf ein beeindruckendes Gedicht über den unschätzbaren Wert des Leidens und seine enge Gefährtin, die Hoffnung:

Ich stand als Bettler
vor Gottes königlichem Thron
und bat ihn um ein kostbares Geschenk,
das ich mein Eigen nennen könnte.

Ich nahm das Geschenk aus seiner Hand.
Aber als ich gehen wollte,
rief ich: „Aber, Herr, das ist ein Stachel,
und er hat mein Herz durchbohrt."

„Das ist ein seltsames Geschenk,
das du mir gegeben hast."
Er sagte: „Mein Kind, ich gebe gute Gaben,
und dir gab ich meine beste."

Ich nahm ihn mit nach Hause, und auch wenn zuerst
der grausame Stachel sehr schmerzte,
so lernte ich, als die Jahre ins Land zogen,
ihn immer mehr zu lieben.

Ich lernte, dass er nie einen Stachel gibt,
ohne auch seine Gnade zu schenken.
Er nimmt den Stachel, um damit den Schleier festzustecken,
der sein Gesicht verhüllt.[2]

Ein Bettler vor Gott, der um ein kostbares Geschenk bittet.
Junge, das konnte ich nachempfinden. *Bitte, Gott, schenke*
mir die kostbare Gabe eines dornenfreien Lebens, würde ich
beten. Aber eigentlich ist dort, unmittelbar unter meinen
Dornen, unter dem stechenden Schmerz der Enttäuschungen, des Versagens, der Veränderungen und des Herze-
leids, die meine Welt jahrelang auf den Kopf gestellt hatten,
die Hoffnung zu finden. Hinter alldem stand die Hoffnung
und wartete auf die Aufforderung, mutig mit ihrem strahlenden Licht in meine Dunkelheit zu kommen.

Ich könnte Bitterkeit wählen oder ich könnte Hoffnung
wählen.
Ich könnte Zorn wählen oder ich könnte Hoffnung wählen.
Furcht oder Hoffnung.
Zorn oder Hoffnung.
Wut oder Hoffnung.
Enttäuschung oder Hoffnung.
Chaos oder Hoffnung.

Hoffnungslosigkeit ...
... oder Hoffnung.

Die Frage war, wie ich auf meine Dornen reagierte.

Ich habe viel über folgende Frage nachgedacht: Was macht die Hoffnung eigentlich aus? Die Antwort darauf ist wirklich schwer in Worte zu fassen. Ich kann erklären, worauf ich hoffe oder was mich hoffnungsvoll macht, aber das Wesen der Hoffnung selbst zu beschreiben, das ist schon eine Herausforderung.

Hoffnung lockt uns in eine strahlende Zukunft, indem sie uns unablässig daran erinnert, dass es immer noch mehr gibt. Wenn sich ein Mensch für die Hoffnung entscheidet, dann entscheidet er sich für das Leben – er oder sie entscheidet sich, den Sinn und Zweck des Lebens zu verfolgen. Hoffnung sagt Ja zu jedem Traum eines Menschen. Hoffnung weckt den Wunsch zu gehen, zu handeln, zu fühlen, sich zu engagieren, wenn Aufgeben die einzige logische Reaktion zu sein scheint. Hoffnung ist der Weg aus der Wüste in das fruchtbare, üppige Land der Fülle. Hoffnung gibt Mut weiterzumachen, trotz der unüberwindlichen Schwierigkeiten.

In der Hoffnung liegt *Bewegung*. Schwung. Hoffnung schaut nach vorne. Aber es liegt auch *Ruhe* darin – eine stille Intimität.

Manchmal ist Hoffnung alles, woran wir uns noch klammern können. Auch wenn die Welt um uns herum in überwältigende Dunkelheit und Verzweiflung stürzt, erinnert uns eine sanfte Stimme tief in unserem Inneren daran, dass wir nicht allein sind. Philip Yancey beobachtet in seinem Buch *Where is God When It Hurts?* (dt. Von Gott enttäuscht), dass Jesus von einem armen oder leidenden Menschen nie gefordert hat, sein Schicksal anzunehmen und klaglos die „Medizin" zu schlucken, die Gott ihm gegeben hat. Vielmehr ging er sehr einfühlsam auf die Klagen der leidenden Menschen ein und war darauf bedacht, sie zu heilen. Und er setzte seine übernatürlichen Kräfte ein, um zu heilen, nie, um zu bestrafen.[3]

Wenn wir Schmerz und Leid erleben, müssen wir für uns entscheiden: Wollen wir darauf vertrauen, dass wir erneuert werden und neue Kraft bekommen, und glauben, dass dieser Schmerz einen Sinn hat? Eine solche von Glauben durchdrungene Hoffnung kommt nicht aus uns selbst, und wir können sie nicht aus eigener Kraft erreichen, sondern nur allein in Jesus Christus finden, der uns Hoffnung schenkt, der uns zusichert, dass Schönheit selbst mitten in der Asche zu finden ist. Letztendlich ist Hoffnung, dass der Schleier gelüftet wird – der Schleier, der das mitfühlende Antlitz Gottes verhüllt.

Gott hatte so viel mehr für mein Leben geplant, als ich mir hätte vorstellen können. Es stimmt: Er bringt wirklich Schönheit aus der Asche hervor. Er zeigt sein Gesicht, wenn wir ihm unsere Dornen ausliefern. Er schenkt Hoffnung, wenn seine Kinder ihn darum bitten. Er ist ein Gott, dem wir unser ganzes Leben anvertrauen können. Die Klischees schienen alle zutreffend zu sein.

Obwohl ich so schlecht mit dem Leid klarkomme, ist mein tiefer Wunsch, Paulus' Vermächtnis zu übernehmen. Wenn ich schon lange tot bin, sollen Menschen, die mir nahestanden, sagen: „Crystal? Ja, ich kannte sie. Sie hat den Amoklauf in der *Columbine High* miterlebt, aber sie hat die Hoffnung nicht aufgegeben. In ihrer Familie gab es einige Probleme, aber sie hat die Hoffnung nicht aufgegeben. Sie hat Rückschläge und einige Stolpersteine auf ihrem Weg überwinden müssen, aber sie hat die Hoffnung nie aufgegeben!"

Ich habe lange gebraucht, um zu erkennen, dass ich mein Leben nach diesem Motto gestalten kann. Leid ist nicht leicht zu verkraften. In den dunklen Nächten habe ich mich gefragt, ob mein Herz jemals wieder von seinem betäubten Schlaf zu neuem Leben erwachen würde. Aber an einem Punkt musste ich, genau wie Paulus, meinen Blick bewusst auf die Belohnung richten und mir ein für alle Male vornehmen, dass der Feind mich nicht besiegen wird. Es wird ihm nicht gelingen, meine Freude, meinen Optimismus, meine Freiheit zu unterdrücken – oder meine Hoffnung.

Sehr viel Mut gemacht haben mir die „Adler" in meiner Umgebung. Das sind Menschen, die sich angesichts unaussprechlich schwieriger Umstände für die Hoffnung entschieden haben. Ich nenne sie meine Helden der Hoffnung. Mein Wunsch ist, von ihren Erfahrungen zu lernen und eines Tages vielleicht auch so eine Heldin der Hoffnung zu werden.

Überleben durch Liebe

Meine Freundschaft mit Danny Oertli begann in meinem ersten Collegejahr. Wir arbeiteten beide bei *Dare2Share Ministries* mit, einer Gruppe, deren Ziel es ist, Jugendlichen zu helfen, ihren Glauben mutig zu bekennen. *D2S* möchte im ganzen Land dreißigtausend Evangelisationsteams zusammenstellen und bis zum Ende des Jahres 2010 eine Million Teenager schulen, damit sie klar und selbstbewusst das Evangelium weitergeben. Als ich Danny kennenlernte, begleitete er die Einsätze als Musiker, und ich hatte die PR-Arbeit für die Veranstaltungen und die Korrespondenz mit den Jugendleitern vor den einzelnen Einsätzen in ihrer jeweiligen Stadt übernommen.

Eines Abends saßen einige vom Team nach der Veranstaltung noch mit den Mitwirkenden zusammen und ich schwärmte Danny vor, wie gut mir sein Lied *My Last Breath* (dt. Mein letzter Atemzug) gefallen hätte. Bisher hatte ich mich noch nie richtig mit ihm unterhalten, aber ich weiß noch, dass mir aufgefallen war, wie freundlich er immer war. Ich hatte das Gefühl, dass er einem Menschen in Not sein letztes Hemd schenken würde.

In diesem Jahr schrieb Danny ein Lied über seine beiden Kinder. Bei diesem Gespräch hinter der Bühne erzählte Danny mir und einigen anderen aus dem Team seine Lebensgeschichte. Wir alle waren tief berührt.

Danny lernte Cyndi bereits in der Highschool kennen und nach Dannys Aussage wussten beide sofort, dass sie füreinander bestimmt waren. Nach dem College heirateten sie und freuten sich auf ein Leben voller Liebe und Glück. Doch kurz nach der Hochzeit wurde bei Cyndi Krebs diagnostiziert.

Danny war viel unterwegs und machte Musik, während Cyndi zu Hause blieb. Ihr Körper war durch die Chemotherapie und die Strahlenbehandlung stark in Mitleidenschaft gezogen und es hieß, sie könne keine eigenen Kinder bekommen. Wie gern hätte sie knubbelige Füßchen gestreichelt und winzige Händchen gehalten.

Drei Jahre nach ihrer Hochzeit wurde Cyndi und Danny eine Tochter geboren: Grace. Und drei Jahre nach Gracies Geburt vervollständigte der kleine Jack durch Adoption die Familie. Dannys Karriere ließ sich gut an – er war mit seiner Musik international unterwegs. Cyndi war zufrieden, und ihr Gesundheitszustand schien sich stabilisiert zu haben. Das Schicksal schien den Oertlis wohlgesonnen, und ihre Träume von einer liebevollen Familie hatten sich endlich erfüllt. Aber ihr Glück sollte nicht von Dauer sein.

Achtzehn Monate später war Danny für ein Konzert auf Hawaii gebucht. Er machte Cyndi den Vorschlag, ihn zu begleiten; sie wollten einen Urlaub anhängen – nur sie beide. Cyndi war sehr krank gewesen und brauchte dringend Erholung und Entspannung. Das wäre die perfekte Gelegenheit – die Gelegenheit, sich nach sieben Jahren unglaublicher Kämpfe um Cyndis Gesundheit wieder zu finden.

Die Zeit auf Hawaii war wunderschön, wenn auch nicht ganz frei von Sorge. Cyndi genoss den Urlaub mit Danny, aber sie war ständig müde und krank. Doch sie und Danny beschlossen, dass sie erst nach ihrer Rückkehr nach Denver zum Arzt gehen sollte. Nach ihrer Ankunft fuhr Cyndis Mutter mit ihr zur Untersuchung zum Arzt, während Danny bei Gracie und Jack blieb, die sich schrecklich freuten, dass ihre Eltern wieder zu Hause waren.

Eine Stunde nachdem seine Frau das Haus verlassen hatte, bekam Danny einen Anruf, der sein Leben für immer verändern sollte. Es war Cyndis Mutter, die ihm mitteilen musste, dass Cyndi in der Praxis des Arztes ganz unerwartet einen Herzinfarkt bekommen hatte. Natürlich waren sofort Wiederbelebungsversuche unternommen worden, doch es war zu spät gewesen.

Die Tage, Monate und Jahre nach diesem Ereignis hatten Danny zu dem Menschen geformt, der er jetzt war. Ohne die Hilfe seiner liebevollen Familie, die ihm Tag und Nacht zur Seite stand, hätte er diese Zeit nicht überstanden.

Wie macht man weiter, wenn man die Liebe seines Lebens verloren hat? Wie setzt man die Scherben seiner Bilderbuch-Familie wieder so zusammen, dass etwas daraus entsteht, für das zu leben sich lohnt? Wie übersteht man ein solches Leid, ohne dass das Leben aus einem herausgesaugt wird?

In *Mommy Paints the Sky* (dt. Mama malt den Himmel an), seinem Buch über die Erfahrungen seiner Familie, erzählt Danny von einem ganz besonderen Augenblick mit seinen Kindern fast ein Jahr nach Cyndis Tod:

Grace, Jack und ich waren in meinem Honda Minivan unterwegs. Als wir auf den Parkplatz eines Walmart fuhren, entdeckten wir über den Bergen einen unglaublichen Sonnenuntergang. Das Wageninnere wurde in bernsteinfarbenes Licht getaucht und tiefe Streifen von Gelb zogen sich kreuz und quer über den Himmel, als seien sie von einer unsichtbaren Hand gemalt worden.

„Daddy", meldete sich Gracies zartes Stimmchen vom Rücksitz, „hat Gott Mommy erlaubt, heute Abend den Himmel anzumalen?" Als ich in den Rückspiegel schaute, sah ich, wie sie sich vorbeugte, um besser sehen zu können. Das Licht des Sonnenuntergangs legte sich auf die Gesichter der Kinder und ich pries Gott im Stillen für die Heilung und Hoffnung, die er in unser Leben gebracht hatte.

Immer wieder hatte ich Gracie und Jack versichert, dass Gott uns nicht vergessen hätte und dass er uns mehr lieben würde, als wir uns vorstellen könnten. Ich hatte große Worte gebraucht wie „souverän" und „Ewigkeit", Begriffe, die nicht einmal ich richtig verstand. Aber an diesem Abend sprach Gott auf eine Weise mit Gracie, wie ich es nicht vermochte.[4]

Danny schrieb ein Lied über Gracies originelle Frage. Der Refrain drückt seine Dankbarkeit darüber aus, dass der Himmel Erbarmen und Heilung im Schmerz schickt, und er endet mit einem Dank an Jesus, weil er durch die Schönheit eines Sonnenuntergangs im Herbst die Hoffnung der Familie Oertli aufrechterhalten hat:

Als wollte sie sagen, es wird nicht mehr lange dauern,
Bemalt Mommy den Himmel.[5]

Danny ist auch so ein Held der Hoffnung für mich, weil er erkannt hat, dass Jesus allein Hoffnung geben kann.

Neu geordnetes Leben

Ich glaube, durch den Austausch unserer Erlebnisse finden wir den Mut zu einem guten Leben. Unsere Reise wird erträglich, wenn wir das Gute, das Schlechte und Hässliche miteinander teilen. Dabei entdecken wir unsere Gemeinsamkeiten: die Höhen und Tiefen, die Ängste und die Höhepunkte.

Seit meiner Kindheit besteht eine sehr enge Verbindung zu Patrice, der Schwester meiner Mutter. Für mich war sie immer die Lebendigkeit in Person. Patrice und Mom hatten außerdem zwei Brüder, meine Onkel Kurt und Grant. Das Leben der vier Kinder war nicht einfach, nachdem ihre Familie durch Alkoholismus auseinandergerissen wurde. Aber ich fühlte mich besonders zu Patrice hingezogen.

Meine Tante war immer selbstbewusst, schön und stark und gleichzeitig sehr liebevoll. Ihre Fröhlichkeit faszinierte mich als junges Mädchen, vermutlich weil meine Mutter so ganz anders war. Als ich älter wurde, gab es für mich kein schöneres Kompliment als die Bemerkung, ich würde meiner Tante Patrice ähnlich sehen. Dann strahlte ich.

Tante Patrice und ihr Mann Ed führten eine sehr gute Ehe. Heute ist er dreiundfünfzig Jahre alt – er wohnt nur acht Kilometer von einem Strand entfernt und ist leidenschaftlicher Surfer. Er hat sonnengebleichte blonde Haare, und man sieht ihn meistens in Flip-Flops und langen Bermudashorts. Ed und Patrice haben viel Spaß miteinander. Sie lachen zusammen und weinen zusammen. Sie besuchen gemeinsam die Bibelstunde und fahren zusammen in Urlaub. Vor allem aber empfinden sie einen tiefen gegenseitigen Respekt füreinander, was selbst einem flüchtigen Beobachter auffällt.

Vor etwa zwei Jahren wurde ich vom Klingeln des Telefons aus tiefem Schlaf gerissen.

„Es ist deine Tante, Crystal", erklärte meine Mutter. „Bei ihr wurde Multiple Sklerose diagnostiziert."

Mein Herz sank. Doch ich empfand eher Zorn als Traurigkeit. *Warum sie? Warum ein Mensch wie Patrice? Sie steckt so voller Leben, Liebe und Energie – und jetzt das?* Das Herz wurde mir schwer – ich empfand ihren Schmerz mit, doch ich wusste nicht, wie ich ihr meine Unterstützung zeigen sollte.

An Schlaf war jetzt nicht mehr zu denken und so stand ich auf, ging ins Arbeitszimmer und informierte mich ausführlich über MS. Ich suchte im Internet nach allem, was ich finden konnte, und hoffte auf etwas, das meiner Tante eine erfüllte Zukunft versprechen könnte. Die Überschriften der verschiedenen Artikel waren eher deprimierend:

„Den Schmerz bei MS bewältigen".

„Unscharfes Sehen bei MS".

„Trotz MS gut leben".

Gott, bitte heile sie. Bitte tu ein Wunder in ihrem Leben und nimm ihr die Symptome der Krankheit vollkommen fort – und gib ihr das Leben zurück.

Offensichtlich hatte Patrice ihre Symptome für MS – Gefühllosigkeit in Händen, Füßen und Gliedern – bisher immer ignoriert, da sie zuerst die Ursache dafür herausfinden wollte. Mit Anfang zwanzig hatte sie schon einmal verschiedene Symptome der Lähmungskrankheit gehabt und einmal mit zwölf oder dreizehn war sie beim Einkaufen mit Gam und Mom zu Boden gestürzt und hatte nichts mehr fühlen können. Sie hatte weder laufen noch sprechen können. Und auch wenn Moms erste Reaktion gewesen war, über sie zu lachen, so war sie doch schnell wieder ernst geworden, als sie gemerkt hatte, dass Patrice nicht mitlachte.

Nach der Diagnose, dass sie tatsächlich MS hatte, begann Patrice eine umfassende Behandlung – jeden Tag bekam sie Injektionen in die Arme, Hüften, Oberschenkel und sogar den Bauch. (Das kann ich mir überhaupt nicht vorstellen.) Die Medikamente machten sie so krank, dass sie jeden Tag nach den Injektionen ein massives Aufflackern ihrer schmerzhaften Symptome erlebte.

Bitte, Gott, flehte ich täglich. *Bitte befreie meine Tante von dieser Krankheit!*

Während jener ersten Monate telefonierte ich häufig mit Patrice. Auch wenn sie nicht so recht begreifen konnte, warum sie diese Krankheit bekommen hatte, so war ihr Lebensmut doch ungebrochen.

„Gott ist so gut, Crystal. Es liegt ein Sinn darin", versicherte sie mir, als wäre ich diejenige, die Trost brauchte.

Tag für Tag legte Patrice ihr Leben in Gottes Hand und vertraute darauf, dass er zu seinem Ziel kam, auch durch eine so hässliche Krankheit wie MS.

Einige Monate nach der Diagnose fuhr ich nach Kalifornien, um zusammen mit Gam und Patrice an einem MS-Spaziergang teilzunehmen. Für mich war es unglaublich deprimierend, so viele an ihre Rollstühle gefesselte „Spaziergänger" zu sehen. War das auch bei meiner Tante bald so? Noch konnte Patrice laufen, obwohl sich wegen der Taubheit und der Schmerzen in ihren Gliedern jeder Schritt zunehmend schwieriger gestaltete.

Ich staunte über die vielen Menschen aus Patrices und Eds Gemeinde, die zu dem Spaziergang gekommen waren, um ihr ihre Unterstützung zu zeigen. Sie führte ein gutes Leben, und alle, die Patrice kannten, wussten, dass sie trotz der schweren Krankheit immer fröhlich war. Für mich war es eine beeindruckende Erfahrung, ein solches „Vermächtnis des Adlers" selbst miterleben zu können. Begierig nahm ich die Lektionen in mich auf und wünschte mir, ich wäre dieser lebendigen Frau in Tennisschuhen und Baseballkappe, die langsam neben mir herschritt, ähnlicher.

Die starken Medikamente machten Tante Patrice so

krank, dass sie schließlich bei einem Heilpraktiker Hilfe suchte. Die Kosten für die Behandlung wurden von ihrer Krankenkasse zwar nicht übernommen, doch sie war entschlossen, Linderung zu finden. In den vergangenen zwei Jahren hat Onkel Ed jeden Monat viel Geld für Kräuter und ihre Ernährungsumstellung ausgegeben. Anfangs war eine fast sofortige Besserung festzustellen. Die Taubheit ließ etwas nach. Sie wurde kräftiger und auch wieder etwas fröhlicher. Sie sah außerdem wieder etwas gesünder aus. Bestimmt hat Gott mit mir noch etwas vor, redete Patrice sich ein.

Aber der Hoffnungsstrahl war nicht von langer Dauer. Nachdem sie sich an die neuen Naturheilmittel gewöhnt hatte, kehrten ihre Symptome mit Macht zurück. Erstaunlicherweise schien das meiner Tante jedoch nicht viel auszumachen. Auch wenn sie keine Heilung an ihrem Körper erlebte, war es, als hätte ihre Seele zur Ruhe gefunden. Trotz der schrecklichen Schmerzen und körperlichen Einschränkungen verkündete ihr Glaube nach wie vor: „Gott kann mich auch jetzt noch heilen! Ich weiß, dass Gott das kann!"

Während ihrer Krankheit schenkte Gott Tante Patrice verschiedene Bilder, die ihr Mut machten. Das bedeutsamste war das Bild von Trittsteinen. Eines Nachts schenkte Gott ihr im Traum eine Vision von Trittsteinen neben einem Weg. Interessanterweise konnte sie nur die großen Steine unmittelbar vor sich erkennen. Wenn sie in die Ferne schaute, schien es, als sei der Pfad neben dem Weg verschwunden.

Patrice deutete das für sich so, dass jeder Stein einen kleinen Schritt auf ihrer Reise darstellte. Für sie war dieses Bild eine Mahnung von ihrem himmlischen Vater, bei jedem Schritt auf ihn zu vertrauen.

Meine Tante hat nicht nur einen starken Glauben, sondern besitzt auch viele Talente. In jeder freien Minute findet man sie in ihrer Töpferwerkstatt, wo sie wunderschöne Kunstwerke aus Ton modelliert. Sie arbeitet außerdem ehrenamtlich in der Kinderarbeit ihrer Gemeinde mit, bei einem Projekt, das sich *Hope Street* nennt (Straße der Hoffnung). Wie passend.

Wenn Patrice sich ihrer Kunst widmet, kann sie ihre Krankheit vergessen. Stundenlang sitzt sie in ihrer Werkstatt und genießt die Freiheit, die die Kunst ihr schenkt. Sie bringt ihr Heilung für Geist, Körper und Seele und jedem, der es hören will, erzählt sie von ihrem Glauben an Gott, der sie heilen kann.

Ich weiß noch, dass Patrice und ihr Sohn Cubbie, der nicht nur mein Cousin ist, sondern auch zu meinen besten Freunde gehört, mir nach *Columbine* eine Karte schickten, um mich ein wenig aufzuheitern. Ich besitze sie immer noch, und ihre Vorderseite macht mir noch heute Mut. Sie spricht davon, dass schwierige Umstände uns häufig ganz unvorbereitet zu treffen scheinen und unser Leben durcheinanderbringen. Wir fragen uns dann, ob wir je die Kraft und den Mut zum Weitermachen finden werden.

Ein neu geordnetes Leben. Darüber hat meine Tante einiges zu berichten. Und wenn mein Leben eines Tages mal wieder durcheinandergebracht wird und wieder neu geordnet werden muss – was sicher irgendwann geschehen wird –, wünsche ich mir ihren Optimismus und ihre Kraft, ihre Leidenschaft und Hoffnung.

Große Erwartungen

Meine Tante Patrice hat in ihrem Leben auf jeden Fall gelernt, dass sie ihre Erwartungen an ihr Leben dem Willen Gottes unterwerfen muss. Ob es uns klar ist oder nicht, unser ganzes Leben wird von ähnlichen Erwartungen bestimmt. Unsere Erwartungen an unser Leben, unsere Beziehungen, unsere Zukunft, unser Vermächtnis bestimmen uns. Wir wachen morgens sogar mit bestimmten Erwartungen auf – wie wir unsere Zeit verbringen werden, mit wem wir uns treffen wollen, was wir schaffen wollen, wohin wir fahren wollen. Wir sind uns dieser Erwartungen häufig gar nicht bewusst – bis sie nicht erfüllt werden.

Ich kenne noch eine Heldin der Hoffnung, die ich hier gerne vorstellen möchte. Es ist eine Frau, die gelernt hat, ihre Erwartungen an Gott abzugeben, darauf zu vertrauen, dass seine Pläne größer sind als ihre eigenen und dass sie mit ihm viel mehr erreichen kann als mit ihren eigenen dürftigen Anstrengungen, ein gutes Leben zu führen.

Meine Eltern waren mit Jim und Kris Burns befreundet. Jim war Vertreter eines Pflanzengroßhandels aus *Durango* in Colorado. Mein Vater traf regelmäßig mit ihnen zusammen, wenn er Pflanzen für seinen Gartenbaubetrieb einkaufte. Im Sommer waren wir oft als ganze Familie bei den Burns' zu Besuch. Mein Vater und mein Bruder fühlten sich bei ihnen wie im Paradies, denn das Grundstück der Burns' grenzte an den Fluss Florida, in dem sie nach Herzenslust angeln konnten. Es war einmalig – ein Stück Paradies, vor allem an heißen Sommertagen.

Im Laufe der Jahre wurden Jim und Kris immer mehr Familie für mich. Sie brachten mir nicht nur das Wasserskifahren bei, sie zeigten mir auch, was Gastfreundschaft bedeutet. Für mich waren sie Menschen, die ihr Leben voller Energie und Optimismus anpackten. Jim hatte Kinder aus einer früheren Ehe, doch sie waren schon erwachsen und selbstständig, darum kamen mein Bruder und ich in den Genuss ihrer elterlichen Gefühle. Im Haus der Burns' waren wir immer herzlich willkommen.

An einem Nachmittag, ich muss in der siebten oder achten Klasse gewesen sein, beeilte ich mich von der Schule nach Hause zu kommen, um meiner Mutter ein Projekt zu zeigen, an dem ich gearbeitet hatte. Ich war schrecklich aufgeregt; ich weiß noch, wie ich die Stufen hochgepoltert bin und gerufen habe: „Mom! Ich bin zu Hause!"

Dann suchte ich jedes Zimmer nach ihr ab und fand sie schließlich im Elternschlafzimmer. Meine Mutter saß im Schneidersitz auf der Tagesdecke und hatte Fotos von den Burns' vor sich ausgebreitet. Sie nahm mich kaum zur Kenntnis, und ich wusste sofort, dass irgendetwas Schreckliches geschehen sein musste.

Als sie schließlich mit rot geweinten Augen aufblickte, erzählte sie mir, Jim und Kris hätten in der Nacht einen schrecklichen Autounfall gehabt. Sie waren spätabends auf dem Heimweg gewesen von einem Essen mit einigen Freunden in *Pagosa Springs*. Auf einmal hatte Jim ganz ohne Vorwarnung einen Herzanfall bekommen, woraufhin er die Kontrolle über den Wagen verlor, die Leitplanke durchbrach und die Böschung hinunterraste. Der große Lieferwagen hatte sich ein paarmal überschlagen und war schließlich auf der linken Seite liegen geblieben.

Weder Jim noch Kris waren angeschnallt gewesen. Selbst jetzt noch gesteht sie ein, dass es verantwortungslos war, ohne Sicherheitsgurt zu fahren, aber an jenem Tag hat es ihnen vielleicht das Leben gerettet, denn sonst wären sie möglicherweise unter dem Wagen zerquetscht worden. Beim Aufprall waren sie und ihr Hund aus dem Wagen geschleudert worden. Nach den Polizeiberichten war Jim mit großer Wucht durch die Windschutzscheibe geflogen und war ein ganzes Stück von ihrem Wagen entfernt mit dem Kopf aufgeschlagen.

Der Besitzer eines Geschäfts für Fahrzeugzubehör leistete Erste Hilfe am Unfallort.

„Wie geht es Ihnen, Madam? Sind Sie verletzt? Waren Sie allein?"

Er bombardierte Kris mit Fragen, aber sie erwiderte immer nur: „Suchen Sie meinen Mann! Bitte suchen Sie meinen Mann!"

Als der Krankenwagen endlich eingetroffen war, stellte der Notarzt fest, dass Kris sich in einem sehr kritischen Zustand befand. Ihre beiden Beine waren gefühllos und sie war vollkommen desorientiert und kaum in der Lage, die Fragen des Notarztes zu beantworten.

Immer wieder beteuerte sie den Rettungskräften gegenüber: „Es war noch jemand bei mir!"

Aber die Sanitäter dachten, sie meinte ihren Hund, und da sie verängstigt war und im Schockzustand, konzentrierten sie sich darauf, sie zu beruhigen.

Als sie schließlich merkten, dass eine andere Person am Steuer des Fahrzeugs gesessen haben musste, machten sie sich auf die Suche nach Jim, konnten ihn zuerst aber nicht finden. Der Van war gegen ein Transformatorhäuschen geprallt und dadurch war in der Stadt der Strom ausgefallen. Ganze Polizeieinheiten suchten das Feld ab. Sie hatten keine Ahnung, wie weit Jim fortgeschleudert worden war. Nach dem Unfallbericht hatte der Wagen ungebremst die Leitplanke durchbrochen. Jims Herzanfall war zu stark gewesen, sodass er nicht mehr hatte reagieren können. Wie erwartet war Jim nicht bei Bewusstsein, als die Sanitäter ihn endlich fanden.

Jim und Kris wurden sofort mit dem Hubschrauber ins Traumazentrum in einem Krankenhaus in *Farmington* in Neu Mexiko gebracht. Nach der ersten Untersuchung wurde bei Kris eine Operation an der Wirbelsäule vorgenommen, bevor sie eine Woche später zusammen mit Jim ins *Craig Hospital* in *Englewood* in der Nähe von Denver verlegt wurde.

Ihre Diagnose schockierte meine ganze Familie: Kris war querschnittsgelähmt, vom Oberkörper abwärts, ohne Hoffnung, jemals wieder laufen zu können. Sie konnte sich von der Hüfte abwärts nicht mehr bewegen. Die wundervolle Wasserskifahrerin und tolle Gastgeberin war nun an den Rollstuhl gefesselt. Für immer.

In jener ersten Zeit, als Kris noch gegen ihre Furcht ankämpfte und ihre Behinderung noch nicht annehmen konnte, lag ihr Mann leblos in einem angrenzenden Krankenzimmer, und weder sein Geist noch sein Körper reagierte auf irgendwelche Reize. Bei dem Aufprall war sein Gehirn schwer geschädigt worden. Mehr als fünf Monate lang lag Jim im Koma. Ohne lebenserhaltende Maßnahmen konnte er weder schlucken noch atmen. Seine Lungen mussten mindestens alle halbe Stunde abgesaugt werden. Ich weiß noch, dass ich ihm Lieder vorgesungen habe. Ich habe ihm vorgelesen und ihm von meinen Erlebnissen erzählt, bis ich beinahe auf seiner künstlich beatmeten Brust einschlief.

Schließlich wurde er in ein Hospiz verlegt. Seine Gehirntätigkeit war so schwach, dass sein Zustand als irreversibel galt. Nach den ersten zwanzig Tagen hatte er zwar die Augen geöffnet, aber er nahm nichts wahr. Nach Monaten quälender Diskussionen trafen Kris und ihre Familie schließlich die Entscheidung, Jims lebenserhaltende Geräte abzuschalten. Bestimmt hat sie in ihrem ganzen Leben keine schwierigere Entscheidung getroffen.

Ich hatte ein Gedicht für Jim geschrieben, das ich bei seiner Beerdigung vorlas. Monatelang schrieb ich Tagebuch für Kris, während sie eine intensive physiotherapeutische Behandlung im Krankenhaus erhielt. Ich schrieb ihr Briefe mit verschiedenen Bibelversen. Ich wusste nicht so genau, wie es mit ihrem Glauben stand, aber sie sollte wissen, dass ich sie sehr liebte.

Die nachfolgenden Jahre waren für Kris eine Zeit voller Höhen und Tiefen, während sie versuchte, sich an ihr vollkommen auf den Kopf gestelltes Leben zu gewöhnen. Sie hatte Angst. Sie war gelähmt. Sie war ernüchtert. Und selbst in einem Raum voller Menschen fühlte sie sich allein.

Wenn ich jetzt zurückdenke, dann fällt mir auf, dass zu der Zeit, als die Burns' ihren Unfall hatten, meine Familie gerade eine schwierige Phase durchmachte, doch trotz unserer eigenen Kämpfe rauften wir uns zusammen, um für die Burns' da zu sein. Auch wir waren nicht fest verwurzelt in unserem Glauben, aber seltsamerweise hat uns Gott gebraucht, um einer lieben Freundin in Not zu helfen.

Nach Jims Tod machte der Arzt Kris den Vorschlag, eine Zeit lang im Einzugsgebiet von Denver zu bleiben. Viele ihrer Freunde lebten dort und außerdem konnte sie sowieso nicht sofort wieder nach Hause zurückkehren – ihr Haus musste zuerst rollstuhlgerecht umgebaut werden. Der Vorschlag erschien ihr vernünftig und sie mietete für ein Jahr eine Wohnung in *Littleton*.

Mein Vater und ich luden sie häufig zum Gottesdienst ein. Eines Sonntags lernte Kris eine Frau kennen, von der sie bereits von ihrer Stieftochter gehört hatte. Ihr Name war Renée Bondi. Sie war Sängerin und an diesem Wochenende als Referentin in unserer Gemeinde zu Gast. Renée war ebenfalls an den Rollstuhl gefesselt. Bei ihrem Vortrag sprach sie von der Hoffnung, die sie in Christus gefunden hätte – eine Hoffnung, die ihre ausweglose Situation in eine Möglichkeit verwandelt hatte, die Liebe Christi im ganzen Land bekannt zu machen.

Renées Lebendigkeit und ihr weites Herz faszinierten Kris. Die beiden Frauen schlossen Freundschaft – viele Ferngespräche und Briefe gingen hin und her –, und Kris wurde klar, dass sie sich nach dem sehnte, was Renée hatte. Sie wünschte sich ihre Fröhlichkeit, ihr Lachen, ihre *Hoffnung*. Sie wünschte sich ihren Optimismus, ihre Lebendigkeit, ihren Mut. Aber vor allem wünschte sie sich ihren Frieden.

Und eines Tages bekam sie das alles, als sie Jesus in ihr Leben aufnahm und sich ihm anvertraute.

Im Sommer 1997 zog Kris wieder nach *Durango* zurück. Aber ihr Zuhause war nicht mehr ihr Heim. Ihr Mann und bester Freund war tot. Ihre Mobilität und Freiheit waren stark eingeschränkt. Ihre Erwartungen an ihren „normalen" Alltag waren zusammengeschmolzen. Ihre Träume, wie ihr Leben verlaufen würde, waren zerbrochen, zerstört wie der Van nach dem Unfall.

Aber sie hatte Christus gewonnen. Und auch wenn es immer noch Tage gibt, an denen sie traurig und enttäuscht ist, so räumt Kris ein, dass es das alles wert gewesen ist.

Mit diesen Geschichten möchte ich meine persönlichen Helden der Hoffnung nicht als Heilige oder fehlerlose Vorbilder darstellen. Danny, Patrice, Kris und so viele andere Menschen, die mich beeindrucken, sind auch nur Menschen, in deren Leben es viele Situationen gibt, die alles andere als erstrebenswert sind. Und sie alle wollten diesen Stachel nicht, genau wie Paulus keinen Stachel wollte. Bestimmt hat Danny Gott angefleht, Cyndis tödlichen Krebs wegzunehmen. Bestimmt hat meine liebe Tante Patrice Gott gebeten, ihr Gesundheit zu schenken. Und was ist mit Kris? Sie hat vermutlich viel mehr als nur dreimal wie Paulus Gott gebeten, ihr ihren Stachel zu nehmen und ihr zuzuflüstern: „Psst! Kris, steh auf aus deinem Rollstuhl und wandle!"

Aber trotz der Tatsache, dass sich alle meine Helden der Hoffnung wie Paulus mit einem Stachel herumschlagen, streben sie unaufhaltsam nach der Hoffnung – ein Streben, das ihre Einstellung zu ihrem Leiden und ihrem ganzen Leben verändert hat. Sie haben mir vorgelebt, dass ich, wenn

ich mich erst einmal für die Hoffnung entschieden habe –
wenn ich beschlossen habe, kein Opfer der Zerbrochenheit
dieser Welt zu werden –, nicht mehr zurückkann. Wann
immer ich versucht bin, mich auf den Boden zu legen und
unter der Last eines neuen Schlages innerlich zu kapitulie-
ren, flüstert eine sanfte Stimme in meinem Inneren mir zu:
„Alles wird dir zum Besten dienen – selbst das."

Ein Werk im Werden

In Gottes Gegenwart war ich; In Gottes Gegenwart bin ich;
In Gottes Gegenwart werde ich bleiben.
Denn er ist der Grund,
warum ich die Scherben wieder aufheben kann.
Er ist der Grund, warum ich fest auf der Erde stehen kann.
Er ist der Grund,
warum ich lächeln und mir die Tränen trocknen kann.
Er ist der Grund, warum ich lebe, selbst wenn ich sterbe.
Durch ihn können wir lernen, wieder zu lieben.
Durch ihn können wir vereint werden mit –
und jeden Tag leben für – Jesus Christus.
Denn er allein ist unsere Hoffnung auf die Zukunft.

Tagebuch April 2000

C. K. West, ein Künstler aus *Colorado Springs*, schuf ein wunderschönes fotografisches Triptychon – ein Kunstwerk in drei Teilen mit dem Titel *Von der Bitterkeit befreit.* Wie es bei großen Kunstwerken häufig der Fall ist, spiegelt es die Erfahrungen des eigenen Lebens wider. Auf jedem der drei Fotos ist ein Herz zu sehen, das durch seine Einfachheit besticht. Auf den ersten Blick könnte man denken, dass sie alle gleich sind. Aber beim näheren Hinsehen bemerkt man die Unterschiede in den Farben, der Oberflächenstruktur und der Ausleuchtung.

Das Herz des ersten Bildes ist ein wenig knorrig, überwuchert mit überlappendem und ineinander verfangenem toten Unkraut. Es ist schwierig, die Form des Herzens unter dem wuchernden Kraut auszumachen. Bei längerem Hinsehen kann man den leichten roten Schimmer des noch schlagenden Herzens darunter erkennen, aber der erste Eindruck von diesem Herzen ist, dass es zusammengeschnürt und versklavt ist.

Im zweiten Rahmen sind die Knoten, das Unkraut und das Gewirr der Venen abgefallen, und die vollkommene Herzform kommt zum Vorschein. Der obere Teil ist eine pulsierende Kombination aus Rot, Orange, Purpur und Gold – die wiederhergestellte Lebendigkeit. Der untere Teil jedoch versteckt sich unter locker darum gewundenen Verbänden.

Auf dem dritten Bild sind die Verbände überflüssig geworden. Das Herz ist voll und groß. Die leuchtenden Farbschattierungen spiegeln das Leben wider – voller Bewegung, Energie, Mut und Kraft. Undeutlich ist die unvollkommene, vernarbte Oberflächenstruktur des Herzens zu erkennen, aber dass es mit Fehlern behaftet ist, macht nichts. Es wurde geheilt und lebt, um von seinen Erlebnissen zu berichten.

Dieses letzte der drei Bilder beeindruckt mich besonders. Das Gewirr der Fesseln, die das Herz gefangen gehalten haben, ist noch da. Sie liegen vor dem Herzen auf dem Boden, als forderten sie es heraus, sich an ihnen nicht zu stören. Sie sind einfach nicht verschwunden und wurden nicht auf wundersame Weise fortgenommen. Aber sie können dem Herzen nichts mehr anhaben.

Wests *Von der Bitterkeit befreit* ist die bildliche Darstellung einer Erkenntnis, an die ich mich bei vielen Gelegenheiten geklammert habe – dass Christus auf die Erde gesandt wurde, um die aufzurichten, die zerbrochenen Herzens sind.

Er kam, um unsere Wunden zu verbinden und unsere zerbrochenen Herzen zu heilen. Sein Plan war nicht, dass wir in einer gefallenen Welt leben sollten, aber er wusste, dass es so sein würde. Und nach wie vor möchte er heil machen, was zerbrochen und gebunden ist.

Mein Herz ist weit geworden

In dem Jahr nach meinem Abschluss an der *Columbine High School* verbrachte ich einen ganzen Sommer in einem abgelegenen Dorf in Mosambik. Das Dorf hieß *Canicado* und liegt nördlich von *Maputo*, der Hauptstadt von Mosambik. Ich hielt dort Bibelstunden für Frauen und Kinder. Der Himmel über *Canicado* war in der Nacht so schwarz, wie ich es noch nie erlebt hatte. Und die Sterne strahlten dafür umso heller. Der Schein des Mondes erhellte unseren Weg – er war ein wunderbarer Gefährte für die Sterne und eine gute Ergänzung zur endlosen Weite der funkelnden Milchstraße.

Morgens erwachte ich von fröhlichen Kinderstimmen draußen vor meinem kleinen Haus.

„Mama Crisssss-tollll", riefen die kleinen Dorfbewohner.

In diesen frühen Morgenstunden hatte ich keinen Dolmetscher, aber wer brauchte schon einen? Liebe und Lachen kennen keine Sprachbarriere.

Ich sprang aus meiner Koje, warf mir ein Kleid über, stopfte ein Stück Brot in den Mund, um meinen knurrenden Magen zufriedenzustellen, und schnappte mir ein paar Lutscher aus meinem geheimen Vorrat (sie waren der absolute Hit bei den Kindern!), bevor ich nach draußen eilte, um mit ihnen zu spielen. Kleine schwarze Arme streckten sich mir entgegen und warteten darauf, herumgeschwenkt zu werden, manchmal stundenlang, wie mir schien. Wir tanzten und sangen, wirbelten herum und lachten miteinander, bis wir Seitenstiche bekamen. Ich zeigte ihnen, wie man mit einem anderen die rechte Hand aneinanderklatschte, um seine Freude oder seinen Triumph zu zeigen, und es erschien ihnen das höchste Wissen auf der Erde zu sein, das ein Mensch besitzen kann.

Mein Tag begann meistens mit dieser Zeit des Spielens mit den Kindern, danach bereitete ich bis zum frühen Nachmittag meine Lektionen vor und unterrichtete bis zum Abendessen. Zu meiner Gruppe gehörten etwa dreißig Frauen und Mädchen. Sie waren arm und kämpften jeden Tag ums Überleben. Viele hatten kein Essen, kein sauberes Wasser und sie lebten in primitiven, mit Stroh gedeckten Hütten. Es war ernüchternd, in der kahlen, schmutzigen Versammlungshütte auf dem Zementboden zu hocken und ihnen von Freundschaft, Liebe, Keuschheit und Vertrauen zu erzählen. Wer war ich, dass ich anderen zu diesen Themen etwas beibringen könnte? Aber ich tat es, obwohl ich bis heute glaube, dass ich in dieser Zeit selbst mehr gelernt habe als meine ganze Gruppe zusammengenommen.

Eines Nachmittags, als wir zusammensaßen, um in der Bibel zu lesen, fiel mir auf, dass eine Frau mit Namen Saineta fehlte. Sie war sonst regelmäßig dabei, mit einem strahlenden Lächeln auf den Lippen. Ich fragte die anderen Frauen, wo sie denn sei, und sie berichteten traurig, ihre Hütte sei niedergebrannt. Sie hätte alles verloren – nicht dass sie viel besessen hätte.

Unsere Gruppe war sofort bereit zu helfen. Die Frauen eilten in ihre Hütten und suchten aus ihrem mageren Besitz etwas heraus, das sie Saineta schenken konnten. Innerhalb kürzester Zeit hatten wir Kleider für Saineta, ihren Sohn und das Baby, das in einem Monat geboren werden sollte, zusammen. Ich hatte in unserem Haus von *Samaritan's*

Purse alles zusammengepackt, das wir entbehren konnten: Teller, Schalen, Tassen, Blöcke und Stifte, dicke Wolldecken und eine große Matratze, Babynahrung und einen Wasserfilter. Erstaunlicherweise hatte mein Team sogar zehn Holzpfähle, Stroh, sechs Metallteile, eine Tür und mehrere Nägel aufgetrieben, die als Grundstock für ihr neues Heim verwendet werden konnten.

Ich informierte einige Mitarbeiter des Teams von *Samaritan's Purse*, die in einem anderen Dorf arbeiteten, und die Jungs rückten in ihrer Mittagspause an, um die Hütte dieser Frau wieder aufzubauen. Als der Lastwagen mit den Geschenken von *Samaritan's Purse* vorfuhr, beobachtete ich, wie Saineta langsam begriff, was da vorging.

Obwohl ich ihre Worte nicht verstehen konnte, sagten ihre Augen: „Ich kann nicht glauben, dass das alles für mich sein soll! Warum tut ihr das für mich?"

Alle, die diese Szene miterlebten, waren tief gerührt. Der Gott aller Vorsehung war am Werk und sorgte dafür, dass diese liebe Frau und ihre kleinen Kinder an diesem Abend ein Dach über dem Kopf hatten. Unsere Leute stiegen aus dem Wagen aus und überreichten Saineta die Geschenke. Als ihr klar wurde, dass die Geschenke von ihren Dorfbewohnern kamen, die selbst so wenig besaßen, war sie tief bewegt. Was für ein beeindruckendes Opfer!

Als die Hütte fertig war, stellten wir uns um Saineta herum auf und dankten Gott. Da ich selbst nichts anderes hatte, überreichte ich ihr einen kleinen Fisch aus Holz als Symbol für den christlichen Glauben.

„Es ist nicht viel, aber vielleicht erinnert er dich daran, von wem alles Gute kommt", sagte ich lächelnd.

Wieder einmal hatte Gott gezeigt, dass er für die Menschen sorgt. Und dafür waren wir alle dankbar.

Vertrauen wiedergewinnen

In jenem Sommer im Busch von Afrika konnte ich überall Gottes Spuren erkennen. Ich hatte erlebt, wie er Saineta ein neues Haus schenkte. Ich hatte erlebt, wie Menschen, die an Tuberkulose oder AIDS erkrankt waren, neue Hoffnung bekamen. Ich durfte miterleben, wie Frauen, Männer und Kinder Jesus in ihr Leben aufnahmen. Und ich hatte erlebt, wie auch meine Fesseln abfielen, denn ich wurde frei von den Albträumen. Gott hatte mich getröstet, als ich Heimweh bekam und meine Familie schrecklich vermisste. Er hatte mir Kraft geschenkt, als ich dachte, keinen weiteren Tag harter Arbeit mehr durchhalten zu können. Er hatte mich beschützt, als ich Abend für Abend hörte, wie die Männer nur wenige Kilometer von dem Haus entfernt, in dem ich wohnte, tranken und feierten. Sie wussten genau, wo das „weiße Mädchen" wohnte. Aber als ich meine Sachen packte, um wieder in die Staaten zurückzukehren, wurde mir klar, wie wenig ich Gott in Bezug auf mein Leben tatsächlich vertraute. Ich vertraute ihm eigentlich nur in Krisenzeiten, nicht wenn es mir gut ging.

Ich musste eine Woche früher nach Hause zurückkehren, um in Idaho einen Vortrag zu halten. Die Leiterin unserer Gruppe vor Ort und meine Freundin Lauri hatten sich bereit erklärt, mich zum Flughafen in Mosambik zu bringen. Von dort würde ich nach Johannesburg fliegen und dann weiter nach Atlanta.

Nachdem ich einige Zeit in der Schlange vor dem Schalter gewartet hatte, fragte ich die Beamtin, ob eine Gebühr für die Umbuchung meines Fluges fällig sei, aber sie versicherte mir, mein Ticket für den Rückflug nach Colorado sei ausreichend. Daraufhin verabschiedete sich Lauri von mir und fuhr in die Stadt zurück, weil sie dort noch etwas zu erledigen hatte.

Der Flug nach Johannesburg verlief ohne Zwischenfälle. Ich war ziemlich erschöpft, aber innerlich unglaublich zufrieden. Diese Zeit in Afrika hatte mir sehr viel gegeben, und auf dem Flug nach Johannesburg dankte ich Gott für ganz besondere Erinnerungen, die mein Leben nun bereichern würden.

Als ich jedoch in Johannesburg zum Ticketschalter ging, erlosch mein Lächeln. Der Beamte sprach zwar mit starkem Akzent, doch ich begriff so viel, dass zwar in Mosambik keine Gebühr für die Umbuchung erhoben wurde, dass das jedoch nicht für Südafrika gelte. Die Kosten beliefen sich auf zweihundertfünfzig Dollar.

Überflüssig zu sagen, dass ich keine zweihundertfünfzig Dollar hatte. Ich hatte übrigens nicht einmal mehr zwei Dollar. Ich besaß kein Geld, keine Travelerschecks, keine Kreditkarte, kein Handy und auch mein Optimismus hatte mich verlassen. Als der Beamte merkte, dass ich das Geld nicht bezahlen konnte, verwies er mich an den Serviceschalter. Der Beamte an diesem Schalter war genauso unfreundlich wie der vorherige, aber ich versuchte meine Situation mit so viel Geduld und Freundlichkeit zu erklären, wie ich aufbringen konnte. Nach zehn Minuten wartete bereits eine lange Schlange hinter mir, aber wir waren immer noch nicht weitergekommen. Ich brach in Tränen aus und flehte ihn an, doch Mitleid mit mir zu haben.

„Es tut mir leid, meine Dame, aber Sie können nicht an Bord dieser Maschine gehen, wenn Sie mir nicht zweihundertfünfzig Dollar bezahlen."

Er sprach wie ein Roboter, wiederholte immer wieder dieselbe Antwort, egal wie überzeugend meine Argumente klangen. Ich sei vertrauenswürdig, erklärte ich ihm. Ich würde ihm das Geld schicken, sobald ich amerikanischen Boden beträte!

Er glaubte mir nicht.

Was sollte ich tun? Ich kam nicht aus dem Land heraus. Ich kannte niemanden und hatte keine Möglichkeit, meine Familie zu verständigen. Johannesburg – die Stadt, in der ich nun mutterseelenallein stranden würde – war nicht gerade der sicherste Ort der Welt, vor allem für eine junge, alleinstehende Amerikanerin.

Ich betete inbrünstiger, als ich je in meinem Leben gebetet hatte. Ich betete, der Beamte möge doch erkennen, dass er einen großen Fehler gemacht hat – dass für diesen Flug keine Gebühr erhoben würde! Ich betete, ein wohlhabender Fremder in der Schlange möge Mitleid mit mir, einem armen amerikanischen Mädchen, bekommen, das keine Möglichkeit hatte, nach Hause zu gelangen. Ich betete sogar, ich möge wie durch ein Wunder zweihundertfünfzig Dollar in meinem Portemonnaie finden.

Allerdings vergaß ich dafür zu beten, mein Glaube an Gott möge größer werden.

Ich trat vom Schalter zurück und blieb mitten in der großen Halle stehen, meine Koffer zu meinen Füßen und mein Kopf in den Händen vergraben. Die Leute eilten auf dem Weg zu ihrem Abfluggate an mir vorbei. Am Flughafen ging alles seinen gewohnten Gang, doch für mich blieb die Zeit stehen. *Was soll ich tun, Gott? Was soll ich tun?*

Mein Blick glitt über die Schlangen vor den verschiedenen Schaltern hinweg und blieb an einem Mann hängen, der mir irgendwie bekannt vorkam. Wenigstens einen Augenblick lang lenkte mich das von meinem Kummer ab.

Instinktiv schnappte ich mir meine Koffer und ging auf ihn zu. Ich wischte mir die Tränen aus den Augen und von den Wangen und beschleunigte meinen Schritt.

Das kann nicht Joe sein. Würde ich ihn überhaupt wiedererkennen?

Ich hatte Joe und die Mitglieder seiner Band ein Jahr zuvor kennengelernt, als ich meinen Cousin Cubbie in Kalifornien besuchte. Aber das war lange her und wir hatten uns nur einmal getroffen.

Was macht Joe am Flughafen in Johannesburg?

Ich ging trotzdem weiter auf ihn zu.

„Joe!", rief ich. Alle außer Joe drehten die Köpfe, um zu sehen, wen ich meinte.

„Joe? Joe!", beharrte ich. Schließlich wandte er sich zu mir um und grinste mich an, als er mich erkannte.

„Hey, Crystal! Was machst du denn hier? Alles in Ordnung?"

Ich stellte meine Koffer ab und versuchte mich zu beruhigen, damit ich ihm erklären konnte, warum er das Beste war, das ich den ganzen Tag erlebt hatte. Er lachte (mir war das Lachen mittlerweile gründlich vergangen), als ich ihm erzählte, wie ich in Südafrika gestrandet war. Sofort begleitete er mich zum Serviceschalter und blätterte zweihundertfünfzig Dollar in Scheinen hin.

Zweihundertfünfzig wundervolle Dollars. In bar.

Seither reise ich anders. Aber ich versuche, aus dieser Erfahrung zu lernen. Gott wird mit jeder Situation des Lebens fertig, egal ob groß oder klein, bedeutungsvoll oder trivial. Er liebt seine Kinder so sehr, dass er für sie sorgt, ihnen hilft und sie führt. Vertrauen wieder zu erlernen, war nicht leicht – und selbst jetzt noch begreife ich nicht alles. Aber so viel weiß ich: Weil Gott mir viel anvertraut hat, bin ich frei, ihm und anderen zu vertrauen.

Ich bin immer noch ein Werk im Werden. Aber in meinem Herzen, das nicht mehr wie früher von Unkraut und Wirrwarr in seinen Fängen gehalten wird, habe ich beschlossen, dass das, was Gott für mich geplant hat, gut ist und dass Bitterkeit, Zorn, Furcht und Angst darin keinen Platz haben. Solche Gefühle überdecken die Schönheit, dämpfen die Fröhlichkeit, fördern nicht die Rechtschaffenheit. Und das ist ein stichhaltiger Grund für mich.

Diese Verwüstung ist nicht das Ende

Vier Jahre nach meinen Erfahrungen in Afrika saß ich mit fünf anderen Personen in einem Van und fuhr über die holperigen Überreste einer Hauptverkehrsstraße in den nordwestlichen Randgebieten der Insel Sumatra. Eine der fünf Personen war Gam, die mir diese Reise überhaupt erst ermöglichte.

Unterwegs bat ich unseren Führer, ich nenne ihn Tyler, an der Ruine der ehemaligen Militärbasis anzuhalten, um Fotos zu machen. Sie war zusammen mit allen anderen Gebäuden in der Nachbarschaft fünf Monate zuvor von einem Tsunami, der durch das größte Erdbeben seit mehr als vierzig Jahren ausgelöst worden war, zerstört worden.

In den frühen Morgenstunden des 26. Dezembers 2004, einem Sonntag, ereignete sich auf dem Meeresboden des Indischen Ozean unmittelbar vor der Nordwestküste Sumatras ein ungewöhnlich starkes Erdbeben. Mit einer Stärke von 9,15[1] auf der Richterskala löste es einen Tsunami aus, der über den Ozean rollte und Hunderttausende Menschen in Indonesien, auf den Malediven, in Sri Lanka und Somalia das Leben kostete.[2]

Schätzungen zufolge haben durch den Tsunami zwischen 275.000 und 310.000 Menschen ihr Leben verloren. Vor allem in Indonesien wurden im Februar 2005[3] immer noch fünfhundert Leichen pro Tag gefunden. Die Wissenschaftler, die den Schaden in *Banda Aceh* einschätzten, der Stadt, in der unser Team arbeitete, fanden Hinweise, dass die Welle an langen Küstenstreifen eine Höhe von 2 Meter 50 hatte, in einigen Gebieten auf ihrem Weg ins Landesinnere sogar an die 3 Meter. Die gesamte dadurch freigesetzte Energie, ist mit einem Äquivalent von 0,8 Gigatonnen TNT zu vergleichen oder mit der Energie, die in den gesamten Vereinigten Staaten in elf Tagen verbraucht wird.[4]

Wir fuhren in ein kleines Dorf, und ich sah einen Mann vor seinem Laden sitzen. In seinem Gesicht waren Angst und Traurigkeit zu lesen. Im Vorbeifahren machte ich Fotos, aber später quälten mich deswegen Schuldgefühle.

Was habe ich mir dabei gedacht? Vermutlich hat er Freunde oder Angehörige verloren, und für mich ist er nur eine Touristenattraktion!

Unser Van hielt an und bedrückt traten wir an ein Massengrab in der Nähe. Tyler berichtete uns, in jenem Grab seien 47.000 Menschen begraben. Im ganzen Gebiet gäbe es ähnliche Gräber. Er hatte seit mehr als acht Jahren auf der Insel gearbeitet und sich zu der Zeit, als das Erdbeben den tödlichen Tsunami verursachte, gerade auf einer Nachbarinsel aufgehalten.

Nur wenige Wochen zuvor hatten tote Körper mitten auf der Straße gelegen, auf der wir nun standen. Unter der Brücke in unserer Nähe hatte man weitere Leichname, mit hervorgequollenen Augen und vom Meerwasser aufgeblähten Bäuchen, gelagert. Man hatte sie auf Müllfahrzeuge zu dem Grab gebracht und hineingekippt, bevor es wieder mit Erde und Steinen zugeschüttet wurde.

Autos waren umgestürzt. Elektro- und Kohleöfen standen mitten auf der Straße. Kinder-Flip-Flops und Tennisschuhe lagen auf den Geröllbergen. Jeder einzelne Schuh stand für ein Kind, das nun nicht mehr aufwachsen würde.

Es gab keine Worte, keine Gedanken, keine Gefühle, um das Ausmaß der Verwüstung zu erfassen. Wir neigten unsere Köpfe und beteten für die Familien der Menschen, die dort begraben lagen, und wir vertrauten darauf, dass Gott irgendwie die unbeschreibliche Leere füllen möge, die alle empfanden. Als Tyler das Gebet beendet hatte, öffnete ich die Augen und entdeckte zwei Schmetterlinge, die um uns herumflatterten.

Das Leben siegt über den Tod. Es war das Zeichen der Hoffnung, das ich brauchte.

Auf dem Rückweg zum Wagen beobachtete ich, wie Tyler vorrannte und mit dem Mann vor dem Laden sprach, den ich vorher gesehen hatte. Als ich näher kam, konnte ich erkennen, dass der Mann schluchzte und alle paar Sekunden mit seinem Hemd die Tränen abwischte. Tyler hatte dem Mann einige Kleidungsstücke für seinen Sohn, ein Malbuch und zwei Flaschen Vitamine geschenkt. Er setzte sich neben den Mann, legte die Hand auf seinen Rücken, um ihn zu trösten. Tyler übersetzte für uns, als Santoso uns seine Geschichte erzählte.

„Ich hielt mich in meinem Laden am Strand auf, als ich große Wellen an Land schwappen sah. Sofort sprang ich auf mein Moped, fuhr durch die Stadt und warnte die Einwohner, dass das Wasser kommen würde. Einige glaubten mir und rannten davon, andere glaubten mir nicht. So schnell ich konnte, fuhr ich zu meinem Haus, um meine Frau und meine beiden Jungen zu holen, aber als ich mich dem Haus näherte, sah ich, wie die Hauptwelle über meiner Frau und meinem ältesten Sohn zusammenschlug. Er war erst vierzehn Jahre alt.

Mein jüngster Sohn, zehn Jahre alt, kletterte auf den einzigen Pfosten, der noch stand, und klammerte sich daran fest. Ich rettete mich auf einen Baum. Das Wasser kam. Meine Familie, wir waren mehr als zwanzig, ist im Wasser umgekommen. Nur mein jüngster Sohn und ich sind übrig geblieben."

Wie sich herausstellte, hat die Mehrheit der Menschen in den drei Dörfern, die Santoso hatte warnen können, überlebt. Das Dorf, das er nicht mehr erreichte, verlor neunzig Prozent seiner Einwohner.

Wir weinten mit ihm und fragten ihn, wie wir ihm helfen könnten.

„Ich bin tief gerührt, dass ihr mir zuhört und mit mir weint", sagte er unter Tränen.

168

Ich trat zurück und konzentrierte mich auf Santosos Augen. Sie flehten stumm um Befreiung von dem Schmerz. Es war, als hörte ich ihn sagen: *Helft mir. Ich bekomme kaum noch Luft. Mein Herz ist so schwer und überwältigt von Traurigkeit. So viele Geschichten. So viele Verluste. So viel Verwüstung. Wer setzt sich zu mir und hört zu? Wer weint heute mit mir? Gebrochen und allein bleibe ich zurück und habe nur noch meine Erinnerungen, an die ich mich klammern kann. Nur wenige Meter entfernt donnert der mächtige Ozean – das Wasser, das mir meine Familie weggenommen hat. Kommt bitte zu mir, und ich verspreche euch, die Wahrheit anzuhören. Endlich ist mein Herz offen. Und jetzt sagt mir, gibt es noch Hoffnung?*

Es machte mir zu schaffen, dass so viele Helfer von verschiedenen Wohltätigkeitsorganisationen durch dieses Dorf gekommen, aber nicht stehen geblieben waren, um zuzuhören. In Indonesien gibt es unzählige Geschichten, die erzählt werden wollen, doch nur wenige Menschen, die zuhören. Was könnten wir für das Reich Gottes bewirken, wenn wir nicht nur Häuser wieder aufbauen, sondern unsere Kräfte dafür einsetzen würden, um Menschen wieder aufzurichten!

Ich schaute an Santoso vorbei und begutachtete seinen neuen Laden. Er musste weitermachen, um seinen Sohn zu ernähren, aber die Hütte, die ich vor mir sah, erschien mir recht armselig. Der Boden bestand aus verstreuten Ziegelstücken und seine Verkaufswaren waren drei kleine Dosen Limonade, zwei Flaschen Wasser und ein paar unbedeutende andere Gegenstände.

Wir fragten, ob wir für ihn beten könnten, und erstaunlicherweise war er damit einverstanden. Während des Gebets blieben unsere Augen nicht trocken. Als wir fertig waren, blickte ich ihm fest in die Augen und versprach ihm, dass diese Verwüstung nicht das Ende sein würde. Ich werde Santoso nie vergessen, nicht den Ausdruck auf seinem Gesicht, als unser Team aufmerksam seiner Geschichte zuhörte. Bei der Ruine der früheren Militärbasis hatte ich eigentlich nur ein paar Fotos machen wollen. Doch stattdessen zeigte Gott mir ein Bild – ein Bild von einem wundervollen Leben, das inmitten unvorstellbaren Verlustes verschont worden war. Es ist ein Bild, das ich nicht entwickeln und rahmen kann, aber in meinem Geist und meinem Herzen wird es immer lebendig bleiben.

Kraft für heute, Hoffnung für morgen

An einem Nachmittag besuchte unser Team eine kleine Zeltstadt – eine Stadt, in der früher fast dreizehntausend Einwohner gewohnt hatten. Jetzt sind es nur noch zweitausend. Am Morgen des Tsunami hatte sich die gesamte Stadtverwaltung am Strand zu einem Meeting getroffen, weshalb alle der Welle zum Opfer fielen. Die Stadt hatte keine Führung mehr. Also bestimmten die überlebenden Einwohner Wahyu zu ihrem Führer.

Wahyu hatte das Wasser kommen sehen und versucht, sich in die Berge zu flüchten. Er nahm seine Mutter mit, konnte sie aber letztlich nicht vor dem zornigen Meer retten. Eine ganze Woche lang bekam seine Familie keinerlei Hilfe, so berichtete Wahyu. Er ernährte sich von Kokosmilch und verendetem Fisch, der an Land gespült wurde. Tagelang trug er als einziges Kleidungsstück nur seinen Sarong. In der Nacht, wenn die Temperatur sank, fror er erbärmlich.

Auf dem Weg zu einem ziemlich schlimm betroffenen Gebiet kletterten wir über Baumstümpfe und Betonfundamente hinweg. Bei jedem Schritt machte ich mir klar, dass ich im Augenblick durch ein früheres Wohnzimmer, eine ehemalige Küche und ein früheres Schlafzimmer lief. Das Meer hatte alles mitgenommen. Schließlich blieben wir vor einer der Barkassen stehen, die die Welle mitgerissen hatte. Als ich zu dem einhundert Meter hohen Schiff hochstarrte, wurde mir klar, welche Kraft das Wasser gehabt haben musste. Es hatte das Schiff über Häuser und Bäume getragen und auf dem Dach eines Hauses abgesetzt, in dem noch verängstigte Menschen saßen.

Als ich an diesem Abend in mein Quartier kam, weinte ich, bis meine Augen brannten. Die Eindrücke des Tages verfolgten mich. Ich wusste, dass Gott auch über die Verwüstung Macht hatte, aber alles erschien mir außer Kontrolle geraten zu sein. So unvorhersehbar. So ungewiss und angespannt. Ich machte lange Einträge in mein Tagebuch, während ich immer wieder meine CD von Tim Hughes hörte. Sein Lied mit dem Titel *Whole World in His Hands*, eine einfache, ehrliche Erklärung, was es bedeutet, Gott wirklich zu vertrauen, linderte meinen Schmerz ein wenig.

Unser Team baute Zelte auf, in denen sich die Bewohner der Dörfer von amerikanischen Ärzten behandeln lassen konnten. Ich spielte mit den Kindern, während die Eltern auf ihre Behandlung warteten. Wir sprangen Seilchen, malten, machten Fotos und spielten miteinander. Jeder Erwachsene, mit dem ich sprach, hatte mindestens einen Angehörigen verloren und einige sogar bis zu einundzwanzig. Sie hatten zwar überlebt, doch ihre Augen waren seltsam leer. Sie besaßen keine Nahrungsmittel, keine Kleidung und keinen Frieden. Sie dienten einem Gott, der, wie sie glaubten, durch diese entsetzliche Naturkatastrophe seinen Zorn über sein Volk hatte kommen lassen. „Wir bereuen, Allah" war in ihrer Sprache an jede noch stehende Hauswand gesprüht.

Wir bemühten uns nach Kräften, diesen Leuten mit aufrichtiger Liebe zu begegnen. Den Kindern gaben wir Buntstifte und ließen sie ihre Eindrücke zu Papier bringen. Die Ergebnisse verblüfften uns. Das Malen war für diese Kinder ein Weg, ihre Erlebnisse zu verarbeiten. Einige malten Bilder von der Welle, andere malten Menschen, die sich an Bäume oder Pfosten klammerten, wieder andere malten Hubschrauber am Himmel, die versuchten, die Menschen zu retten. Und einige zeichneten umgestürzte Autos oder entwurzelte Bäume.

Über seine Zeichnung malte ein kleiner Junge einen leuchtend bunten Regenbogen an den Himmel – ein Zeichen der Hoffnung, dass es eines Tages wieder besser werden würde. Ich bezweifle, dass er um die biblische Bedeutung dieses Symbols wusste, aber trotzdem musste ich über die Symbolik lächeln.

Am folgenden Morgen bauten wir in einer Moschee am Ort unsere Klinik auf. Einige Moscheen waren die einzigen Gebäude, die die Verwüstung überstanden hatten. Die weißen Marmorböden hatten nichts von ihrem Glanz verloren, auch wenn in den Mauern, die sie umgaben, große Löcher klafften. Durch diese Löcher konnten wir die Zelte sehen, die die Einwohner der Stadt jetzt ihr Heim nannten, und neue Wassertümpel, die sich nach dem Sturm gebildet hatten. Auf einer Seite des Gebäudes trennte ein großer Vorhang den Hauptraum ab – dort beteten die Männer, während die Frauen und Kinder hinter dem Vorhang sitzen mussten. Als Geste des Respekts zogen wir unsere Schuhe aus, bevor wir das Gebäude betraten, das für diese Menschen heilig ist.

An jenem ersten Tag kamen nur wenige Menschen zur Behandlung in die Klinik. Doch bald drängten sich ganze Familien bei uns. Die Eltern sahen uns neugierig zu, wie wir mit ihren Kindern malten, während sie auf ihre Untersuchung warteten. Auf dem Boden zu ihren Füßen lagen Jungen und Mädchen auf dem Bauch und schufen ihre Meisterwerke. Es war eine kleine, heilsame Hilfe für diese Männer und Frauen, die so viel durchgemacht hatten.

Während meines Aufenthaltes in Indonesien wurde ich immer wieder gefragt, ob ich Muslimin oder Christin sei. Aus Respekt vor ihrer Kultur trug ich einen sogenannten *Jilbob*, ein schulterlanges Kopftuch.

Auf ihre Frage antwortete ich lächelnd immer dasselbe: „Pungikoot Isa Almasy" – *ich folge Jesus Christus, dem Messias, nach.*

Diese Antwort war mehrdeutig. Denn natürlich war nicht zu übersehen, dass ich Amerikanerin und von daher in ihrer Einschätzung Christin war. Muslime in diesem Teil der Welt glauben, dass die gesamte westliche Welt christlich ist und dass alle westlichen Christen leben wie die Akteure aus Sendungen wie *Baywatch* und *Desperates Housewives*. Ich wollte meinen Glauben von dieser falschen Wahrnehmung abgrenzen.

Islamische Traditionen und Praktiken waren auf der Insel überall zu finden. Fünfmal täglich hielten alle in ihren Aktivitäten inne, wenn über die Lautsprecher, die in der ganzen Stadt verteilt standen, zu Allah gebetet wurde. Wie bewunderte ich ihre Andacht und Hingabe. Ich stellte mir vor, was geschehen würde, wenn Christus-Jünger in ihrem Glauben an Gott solche Hingabe zeigen würden. Man stelle sich nur vor, was das bewirken würde!

Jemand sagte einmal, Hoffnung sei ein von Erwartung begleiteter Wunsch. Dieses Bild konnte ich nachempfinden, als ich die Verwüstungen in Indonesien sah. Wie sehr wünschte ich mir Hilfe für diese Menschen. Und ich glaubte felsenfest daran, dass viele von ihnen sie finden würden.

Nachwirkungen überwinden

Die Nachbeben des Tsunami sind immer noch spürbar. Während unseres Aufenthaltes in der Katastrophengegend wurde unser Team um kurz nach drei Uhr morgens aus dem Schlaf gerissen. Die Erde bebte. Ich hatte schreckliche Angst und sprang aus meiner Koje, weil ich befürchtete, die obere Koje könnte mir auf den Kopf stürzen. Fünf andere Mädchen schliefen mit mir in dem Raum. Wir wussten nicht, was wir tun sollten. Sollten wir das Haus verlassen oder bleiben, wo wir waren? Würde uns jemand hören, wenn wir schrien?

Ich lernte sehr schnell, dass Nachbeben auf der Insel keine Seltenheit sind. In den Monaten nach dem Tsunami erschütterten mindestens zweimal pro Woche Nachbeben der Stärke 5,2 oder höher auf der Richterskala die Stadt. Sie zerrten an den Nerven der Einwohner und führten dazu, dass ganze Städte evakuiert wurden aus Angst, das Wasser könnte wieder über sie hereinbrechen. Das Grauen, das diese Menschen erlebt haben, ist kaum vorstellbar.

Wie so viele andere Menschen auf der ganzen Welt leiden die Bewohner Indonesiens noch immer unter den schlimmen Folgen ihres Leidens. Sie leben in Zelten auf Holzfundamenten. Sie ernähren sich von „Notstands-Nahrungsmitteln" – abgepackte Fertigsuppen, Reis oder Maismehl. Sie betrauern ihre toten Angehörigen. Und der Rest der Welt macht weiter, als sei nichts geschehen.

Das Problem ist: Wir dürfen nicht einfach mit unserem Leben weitermachen, weil jeder von uns mit den Folgen des eigenen Leids zu kämpfen hat, sei es nun groß oder klein. Denn wenn jeder von uns sich aktiv darum bemühen würde, dass die anderen Menschen Hoffnung in ihrem Leid finden, dann ginge es uns allen besser. Jedem von uns, der sich darum bemüht, in der Realität der Hoffnung zu leben, fällt es schwer, sich gegen den Zynismus zu wehren. Es ist ein Kampf, daran zu glauben – wirklich zu glauben –, dass unser Engagement etwas bewirken kann. Aber ich schlage vor, dass wir es versuchen. Wenn wir die Herausforderung, zu helfen, zu dienen, zu lieben, zu heilen, annehmen, geben wir den greifbaren Beweis für Gottes allgegenwärtige Hoffnung weiter. Als Jünger Christi ist das nicht nur unsere Pflicht, es ist unser Vorrecht.

Wir können uns hier und jetzt überlegen, wie wir auf Leid reagieren wollen. Wem wollen wir folgen? Werden wir Christus folgen, dem Einen, der versprochen hat, uns mitten im Leid Hoffnung zu geben? Oder werden wir unseren eigenen Ideen, Launen und Vorurteilen folgen?

Ich habe beschlossen, meinen Mitmenschen zu dienen. Und nach dem, was ich gesehen habe, herrscht große Not in dieser Welt. Meine Mitmenschen warten auf das Banner der Hoffnung in der Zeit der Not. Suchen Sie sich Ihren Kosovo, Ihr Beslan, Ihr Indonesien, und gehen Sie los! Vielleicht braucht Ihre eigene Familie ein kleines bisschen Hoffnung oder auch ein Mensch am anderen Ende der Welt. Die Entfernung spielt keine Rolle; wichtig ist nur die Einstellung Ihres Herzens.

Ich weiß nicht, wo Sie stehen, welche Schlachten Sie im Augenblick austragen oder welches Leid Sie in den kommenden Tagen, Monaten und Jahren erwartet. Trotzdem möchte ich Ihnen Mut machen, weiterzumachen in dem Wissen, dass Ihr Schöpfer Sie mit ewiger Liebe liebt. Wie ich vor einigen Monaten Santoso, dem Mann aus Indonesien, versprochen habe, diese Verwüstung, wie immer Ihre auch aussehen mag, ist nicht das Ende.

Sie fragen, woher ich das weiß? Weil *Pungikoot Isa Almasy*. Ich folge Jesus, dem Messias, dem Sohn des lebendigen Gottes, nach, der die ganze Welt in seinen Händen hält.

Epilog

Danach leben

Wo wärst du ohne deine Wunden?
Die Engel selbst könnten die erbärmlichen und
unbesonnenen Kinder der Erde nicht überzeugen wie ein
Mensch, der von den Rädern des Lebens zermahlen wird.
Im Dienst der Liebe
können nur verwundete Soldaten dienen.

THORNTON WILDER,
„DER ENGEL, DER DAS WASSER BEWEGTE"

Gott wird mich lebend hier heraushalen und dann werde ich eine unglaubliche Geschichte zu erzählen haben. Ich erinnere mich, dass mir dieser Gedanke durch den Sinn ging, als ich an jenem schlimmen Tag in der Schule unter dem Tisch in der Bibliothek hockte. Selbst damals kam mir dieser Gedanke absurd vor. Schließlich war doch offensichtlich, dass ich getötet werden würde. Aber etwas in meinem Inneren wollte einfach an der Überzeugung festhalten: *Ich werde es schaffen. Ich werde eine Geschichte zu erzählen haben. Gott wird mich von diesem Albtraum befreien. Trotz dieses Vorfalls werde ich ihm irgendwie die Ehre geben.*

Meine Entscheidung für Jesus Jahre zuvor war ernst gemeint gewesen, aber ich erinnere mich, dass ich in jenem schrecklichen Augenblick dort unter dem Tisch Gott zum ersten Mal aufrichtig gesucht habe. Einige Menschen mögen sagen, es sei nur ein Bekenntnis in größter Not gewesen, aber mein Verstand, Geist, Körper und meine Seele sehnten sich aufrichtig danach, ein neues Leben zu beginnen. Ich wollte unbedingt anders leben und nicht mehr zurückblicken.

In den nachfolgenden Monaten hatte ich trotz des mich umgebenden Chaos, trotz der immer noch nagenden Fragen, warum einige Schüler überlebt hatten und andere nicht am Leben geblieben waren, sogar trotz meiner schwindenden Hingabe an Gott das überwältigende Gefühl, dass Gott mit diesem Geschehen ein Ziel verfolgte. Es war, als hätte ein Versprechen aus der Bibel mein widerstrebendes Herz endlich erreicht. Gott verspricht uns Menschen: „Er wird dir helfen und dich niemals im Stich lassen" (5. Mose 31,8).

Ich wusste, dass Gott dieses Ereignis in all seinem Schrecken nutzen würde, um sich zu verherrlichen. Ich erkenne jetzt, dass dies nur der Anfang war, dass Schönes aus der Asche meines Lebens entstanden war und noch werden wird. Bis zu diesem Tag bin ich davon überzeugt, dass alles, was ich in *Columbine* erlebte, umsonst gewesen wäre, wenn ich mich nicht darum bemühen würde, nach Gottes Willen zu leben.

Columbine und seine Folgen in meinem jungen Leben waren verheerend, keine Frage. Aber unter jenem Tisch erhielt ich meinen „Ruf" in den Dienst. Ich weiß nicht, ob Gott nur durch dieses Erlebnis meine Aufmerksamkeit erregen konnte. Aber ich weiß, dass sich das erfüllt hat, was ich mir erhoffte, als die Kugeln um mich herum einschlugen: Die Geschichte, die Gott mir zugeschrieben hat, kann tatsächlich das Leben der Menschen, die sie hören, radikal verändern.

Rachel's Challenge

Ein paar Wochen nach Rachel Joy Scotts tragischem Tod auf dem Rasen vor unserer Schule fand ihre Familie, als sie ihre Sachen durchging, einen Aufsatz, den Rachel nur einen Monat vor ihrem Tod für den Unterricht geschrieben hatte. Er trug die Überschrift: „Meine Ethik, mein Lebensmotto".

Es war ein Klassenprojekt, das sie als Gelegenheit genommen hatte, ihren Glauben zu bekennen. In diesem Aufsatz erklärt sie, was sie sich für ihr Leben wünschte.

Sie schrieb: „Ich denke mir, dass eine Kettenreaktion ausgelöst wird, wenn jemand einem anderen Menschen mitfühlend begegnet. Die Menschen ahnen nicht, welche weitreichenden Folgen ein wenig Freundlichkeit haben kann." Rachel wusste, dass Mitgefühl und Freundlichkeit tatsächlich auf lange Sicht die „Welt und auch das Leben eines jeden Menschen ein wenig besser machen können".[1]

Rachel hatte sich ihrer Herausforderung gestellt und beschlossen, auf die Menschen zuzugehen, die geistig, körperlich oder anderweitig behindert waren, auf Mitschüler, die neu an die Schule kamen, und auf die, die nicht akzeptiert wurden. Obwohl sie von Freunden in ihrem Umfeld verspottet wurde, ließ sie sich in ihrer Aufgabe nicht beirren. Und auf diese Weise hat sie das Leben vieler Menschen positiv beeinflusst.

Während meiner Schulzeit habe ich Rachel nicht gut gekannt. Offen gesagt, ich war viel zu sehr damit beschäftigt, mein Image aufzupolieren, um mich für sie und ihre Freunde zu interessieren. Denn sie und ihre Freunde galten bei meinen Freunden als höchst uncool. Aber auch wenn ich in einem anderen Freundeskreis verkehrte, empfand ich doch insgeheim Bewunderung für Rachel Scott.

Jetzt tut es mir leid, dass ich mir „zu gut" für Rachel war, als sie noch am Leben war. Unheimlich ist, dass ich allein aus einem dummen Grund auf ihre Freundschaft verzichtete: Während sie sich Mühe gab, der Mensch zu sein, zu dem Gott sie geschaffen hatte, war ich zu sehr damit beschäftigt, jemand zu sein, der ich nicht war. Und das werde ich immer bereuen.

Seit ich die *Colorado Christian University* besuche, hat sich sehr viel in mir verändert. Vor großem Publikum zu sprechen wurde für mich schnell zu einem Akt der Anbetung. Ein Gespräch ist nie nur ein Gespräch, vielmehr nutze ich es, um dem Gott zu danken, der durch ein einziges Wort die Welt erschuf, dem Gott, der mir eine einzigartige Geschichte geschenkt hat, die ich weitergeben kann, und dem Gott, der jedem einzelnen Zuhörer eine Bestimmung geschenkt hat. Jeder, der seiner Bestimmung gemäß lebt, wird zu seiner Ehre leben. Es macht mir Freude, diese Botschaft der Hoffnung weiterzutragen und zu erleben, wie den Menschen ein Licht aufgeht.

In meinem zweiten Studienjahr hörte ich, dass Darrell Scott, Rachels Vater, für seine Organisation *Rachel's Challenge* Redner suchen würde. Das Ziel dieser Organisation ist es, Schüler auf der ganzen Welt anzuregen, durch ihr Verhalten positive Veränderungen in ihren Schulen zu bewirken.

Bei den Veranstaltungen werden ein Video gezeigt und Begebenheiten aus Rachels Leben weitergegeben. Dadurch sollen Jugendliche motiviert werden, anderen mit Respekt, Würde und Liebe zu begegnen. Unzählige Menschen sind durch *Rachel's Challenge* bereits erreicht worden. Prominente Wissenschaftler, Schauspieler, Sportler und Regierungsvertreter und sogar zwei Präsidenten der Vereinigten Staaten haben sich hinter das Engagement der Organisation gestellt. Diese Arbeit konzentriert sich ganz bewusst auf Schüler, und es hat sich gezeigt, dass sie positiv darauf reagieren.

Rachel's Challenge transportiert eine Botschaft der Gewaltlosigkeit. Eine Botschaft der Hoffnung. Und mein Wunsch war es, mitzuhelfen, diese Botschaft weiterzutragen. Ich setzte mich mit Darrell Scotts Agenten in Verbindung und erkundigte mich nach einer Möglichkeit der Mitarbeit. Darrell schlug vor, ich solle erst einmal eine Veranstaltung live miterleben, um zu sehen, ob mein Stil in die Arbeit von *Rachel's Challenge* hineinpasst. Die nächste Veranstaltung sollte in *Highlands Ranch* in der Nähe von Denver stattfinden.

Die einstündige Veranstaltung beeindruckte mich. Während des Vortrags liefen mir Tränen über die Wangen. Gott hatte mich angerührt.

„Jeder Mensch kann eine Kettenreaktion in Gang setzen!", hatte Darrell am Schluss gesagt. „Stellt euch nur vor, was geschehen würde, wenn eine ganze Schule diese Herausforderung heute annehmen würde – die Herausforderung, sich gegen Spott und Hohn, gegen Mobbing, Zorn und die Ausgrenzung von Mitschülern einzusetzen. Geht nicht weg von hier, ohne euch verändern zu lassen. Geht auf die neuen Kinder in eurer Schule zu, auf die geistig und körperlich Behinderten und auf die, die von anderen verspottet und ausgegrenzt werden. Es könnte sein, dass eure Freundlichkeit eine Kettenreaktion in Gang setzt."

Wie wünschte ich, ich ginge noch zur Highschool, um mich dieser Herausforderung zu stellen!

Was vorbei ist, ist vorbei

Meine Schulzeit war endgültig vorbei. Die Chance, mit Rachel als Freundin durchs Leben zu gehen, war vertan. Leider konnte ich nicht den Zauberstab schwenken und meine zerstörerische Einstellung zum Leben oder meine Über-

heblichkeit Rachel und ihren Freunden gegenüber unge-
schehen machen. Das ging einfach nicht.

Aber ich konnte etwas anderes tun. Ich setzte mich noch
einmal mit Darrell in Verbindung, und er erklärte sich bereit, mich für einige Vorträge an Schulen in *York* im Staat
Pennsylvania einzusetzen. Als ich den Schülern bei jener
ersten Veranstaltung erklärte, dass Freundlichkeit und
Mitgefühl eine Kettenreaktion in ihrer Welt auslösen könnten, fühlte ich mich gut. Ich hatte das Gefühl, dass es sehr
befreiend ist, mit anderen Menschen, die den Wunsch he-
gen, dass Rachels Vermächtnis Menschen verändert, zu-
sammenzuarbeiten. Deshalb gehöre ich auch immer noch
in der einen oder anderen Funktion zum Team von *Rachel's
Challenge*.

Rachels Geschichte hat viele Menschen angerührt, von
denen einige sehr viel Einfluss in der Welt besitzen. Darrell
konzentriert sich darauf, die Arbeit seiner Organisation *Rachel's Challenge* noch zu verstärken, um noch mehr Schüler
mit seiner Botschaft zu erreichen. Sein Ziel? Jeder Schüler
in Amerika soll die Gelegenheit haben, in seiner Umgebung
durch Freundlichkeit und Mitgefühl eine Kettenreaktion
auszulösen – jeder soll die Möglichkeit haben zu erleben,
dass er in seinem Umfeld etwas Gutes bewirken kann.

Allein im Jahr 2004 sind durch die Arbeit von *Rachel's
Challenge* sieben Amokläufe an Schulen verhindert oder
gestoppt worden, wie Darrell aus erster Hand von Verant-
wortlichen der Stadtverwaltung und von Mitarbeitern der
Schulen erfuhr. Und nur, weil mindestens ein Schüler die
einfache Entscheidung traf, eine Tür aufzuhalten, einem
anderen ein Lächeln zu schenken, sich beim Mittagessen zu
einem Mitschüler zu setzen, der allein war, oder auf andere
Weise sein Mitgefühl zu zeigen. Und das zog Kreise.

Ich bete, dass jeder, der dieses Buch liest, die Gelegenheit ergreift, Rachels Herausforderung anzunehmen. Ent-

scheidet euch, was ihr wollt, und seht zu, dass die Menschen in eurer Umgebung verstehen, warum. Überlegt euch jetzt, welches euer Vermächtnis sein soll – denn nicht jeder von uns erlebt den morgigen Tag. Entscheidet euch, darauf zu vertrauen, dass Gott aus der Asche etwas Schönes entstehen lässt, auch wenn Menschen euch Böses tun wollen! Und dann handelt! Tut den ersten Schritt und zeigt Mitgefühl. Liebe. Freiheit. Glauben. Damit bringt ihr Freundlichkeit in eine unerbittliche Welt. Ihr verbreitet Freude in einer Welt, die von der Sünde durchsäuert ist. Ihr seid dann ein Licht in einer Welt voller Dunkelheit. Und dadurch löst ihr möglicherweise eine Kettenreaktion aus und tragt damit das kostbare Geschenk der Hoffnung in eine Welt, die ohne Hoffnung ist.

Anmerkungen

Alles wegschenken

[1] „New Video of Beslan School Terror", *CBS News*, 21. Januar 2005, http://www.cbsnews.com/stories/2005/01/20/48hours/main668127.shtml.
[2] „New Video of Beslan School Terror".

Columbine ist überall

[1] „A Time Line of Recent Worldwide School Shootings", *infoplease* 2005, http://www.infoplease.com/ipa/AO777958.html.
[2] „A Time Line of Recent Worldwide School Shootings".

Drei Schritte vor, zwei Schritte zurück

[1] Lamott, Anne, *Traveling Mercies: Some Thoughts on Faith*, New York, 1999, S. 195.
[2] Miller, Donald, *Searching for God Knows What*, Nashville, 2004, S. 113 (dt. „Wer braucht schon ein Boot", Gerth Medien, 2006).

Die Kehrseite des Leids

[1] Hendricks, Howard, „How to Be Spiritual Without Being Phony" (Männer-Retreat, Sitzung 2, Woodmen Valley Chapel, Colorado Springs, CO, 2. April 2005).

[2] Lowry, Robert, *Nothing but the Blood of Jesus,* New York, 1876.

Christus ganz ausgeliefert

[1] Piper, John, „Doing Missions When Dying Is Gain", Mitschnitt einer Predigt am Wheaton College, Wheaton, Illinois, 1997, für Desiring God Ministries.

Helden der Hoffnung

[1] Graham Lotz, Anne, *Why? Trusting God When You Don't Understand,* Nashville, 2004, S. 25.

[2] „The Thorn", gewidmet Martha Snell Nicholson unter http://www.desiringgod.org/library/sermons/01/051301.html.

[3] Yancey, Philip, *Where Is God When It Hurts?,* Grand Rapids, MI, 1990, S. 82 (dt. „Von Gott enttäuscht", Brockhaus, 2007).

[4] Oertli, Danny, *Mommy Paints the Sky,* Colorado Springs, CO, 2004, S. 137-138.

[5] Oertli, S. 139.

Ein Werk im Werden

[1] „2004 Indian Ocean Earthquake", *Wikipedia.* http://en.wikipedia.org/wiki/2004_Indian_Ocean_earthquake*.

[2] Lambourne, Helen, „Tsunami: Anatomy of a Disaster", *BBC News World Edition*, http://news.bbc.co.uk/2hi/science/nature/4381395.stm*.

[3] „2004 Indian Ocean Earthquake".

[4] „2004 Indian Ocean Earthquake".

Epilog: Danach leben

[1] Der Broschüre von *Rachel's Challenge* entnommen.

⋯⫶ Eine Nacht mit einem Mörder.

Ashley Smith
mit Stacey Mattingly:
Der unverhoffte Engel
Die überraschende Wendung einer dramatischen Geiselnahme

Gebunden, 260 Seiten
Bestell-Nr. 816 066

Atlanta, 11. März 2005: Als die 27-jährige Ashley Smith nachts nach Hause kommt, wird sie vor ihrer Haustür von einem Mann überfallen. Kurz zuvor hat Brian Nichols bei seiner spektakulären Flucht aus dem Gerichtssaal mehrere Menschen getötet. Und nun steht er plötzlich vor Ashley – ein verzweifelter, schwer bewaffneter Mann, der nichts mehr zu verlieren hat.

Stundenlang befindet sich Ashley in der Gewalt des Mörders. Doch im Angesicht des Todes verfällt sie auf einen ebenso ungewöhnlichen wie mutigen Gedanken: Sie liest ihrem Entführer aus dem Buch „Leben mit Vision" (Rick Warren) vor, einem Buch, das sich mit dem wahren Sinn des Lebens beschäftigt ...

Lesen Sie die Geschichte einer dramatischen Geiselnahme, deren überraschender Ausgang eindeutig die Handschrift Gottes trägt.